沉默不是金

美國特警談判專家的破冰談話術，教你打開有效溝通的大門

史考特・哈維
Scott Harvey

李伊婷 譯

SILENCE KILLS

Communication Tactics to Speak
with Confidence and Build Your Influence

目次

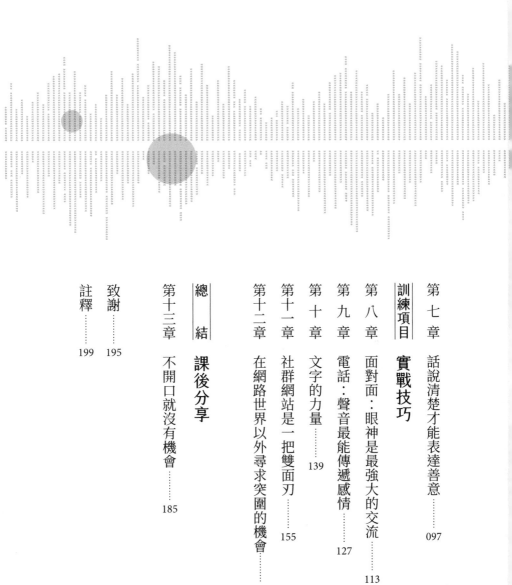

前言

我的警隊生涯

「警報解除！槍手已被拘留。」當特警指揮官透過無線電呼叫時，我鬆了一口氣。警察最終進入屋子，發現每個房間正中央都放著彈藥箱，槍支收得好好的，就像瘋狂花栗鼠在冬天儲存堅果似的，而槍手可在任何房間裡迅速拿取它們。

幾個小時前，我們接到任務派遣的電話，但只知道房子裡有人開槍，穿透了隔壁鄰居的牆壁。不久後，特警隊就已經在路上，其中包括人質談判代表：我。

特警隊設置了警戒線，防止嫌犯逃跑。當他們疏散鄰居時，我開始撥打嫌犯的電話。在一片混亂中，我的工作就是讓他開口說話；電話一接通，談判就像往常一樣開始了。他咒罵我並掛斷電話。我回撥。他威脅我並掛斷電話。我回撥。他威脅我的家人並掛斷電話。我再回撥。最終，他不再掛斷電話。我的工作就是讓他相信，我真心想要幫助他。建立融洽關係是必要的，這就是我的主要任務。

接下來幾個小時，我問出正確的問題，令他得以宣洩挫折和恐懼感，並積極傾聽他的回答（不做任何評判）。建立融洽的關係後，我終於說服了他，唯有和平投降，他才能維持優勢。對他來說，這是明智之舉。我描述了整個過程，他也心知肚明，跟特警隊硬碰硬沒什麼好處。感謝專業的特警團隊，他們按照標準而合法的程序逮捕他。

特警隊將他上手銬，並檢查身上是否有武器；接著搜查房子，確保裡面沒有其他人。我在街上等著與他見一面，這是我的承諾，而我的確是言出必行之人。

我的腎上腺素仍然很高，但我猜他的腎上腺素應該已經爆錶了。

他謝謝我聽他說話。特警小組將他押上警車，然後帶他去做心理健康評估。

總而言之，這是個美好的一天。

眾人紛紛離開現場。而那天唯一的槍響，就是在我們抵達現場前嫌犯所開的那一槍，但沒有人受傷。毫無疑問，對社區居民來說，這也是可怕的一天。

大家都想知道：單單拿著一支電話，要如何應對一個從未見過的人，更別說這個人把房屋當成堡壘，儲存了一堆武器和彈藥，準備在現實世界中，跟前來圍捕的武裝特警火拼一場。我要如何說服他放下武器走出來，不讓現場再有任何一聲槍響？

一言以蔽之：訓練。

在我二十年的執法生涯中，唯一不變的就是訓練。無論是基本的巡邏攔檢，還是聯邦調查局的高階談判技巧，我們都得不斷精進。每年，我都會接受以下這些培訓：

- 人質談判
- 媒體與公共關係
- 針對青少年的防制毒品濫用宣導教育（Drug Abuse Resistance Education，簡稱DARE）

- 槍枝安全與練習（一年至少三天，全天八小時的射擊日）
- 心肺復甦術／急救
- 防守戰術
- 儀隊

而這一切都不含在國家所要求的四十小時在職訓練。我們每年都會在各個領域受訓，時間從數小時到數天不等。

不誇張地說，我們無時無刻都在接受訓練。

我最近與一位外科醫生聊天才發現，肯塔基州執法人員的在職培訓時間比外科醫生還要多。如果我去動手術的話，會很慶幸醫護人員受了這麼多的訓練，而對於每天穿著制服去上班的軍警人員，我更是肅然起敬。

我猜想，軍警與外科醫生的培訓目標最大的差異在於，前者所學會的技能希望永遠也不要用到。謝天謝地，我從來沒有在執行任務時開過槍，但每次在射擊場，我都會做好準備，如果那一刻到來，我絕對不會猶豫，完成受訓的目標。但我們有時得關閉大腦，碰上致命的武力對決，一定要迅速做出精確的決策，因為猶豫會害死你。而我們的首要任務是保護大眾。

所以，我們都得接受嚴格的訓練。

儀隊訓練也不例外。這是我非常重視的工作。你應該看過這些單位，只是沒有意識它們有多特別。軍人、警察和消防員常在重大場合列隊行進，他們身穿講究的儀隊制服，以精確的動作來彰顯活動現場的榮光。

我們的儀隊參加過遊行、各校畢業典禮，並到全美各地參加因公殉職的葬禮。我們每個月都會訓練數個小時。

就像執勤訓練一樣，儀隊也總是為最壞的情況做好準備。

自一九四一年以來，我待的單位還沒有人員殉職，但大家還是做好準備。感謝上帝，但願這種事最好不要發生。有人因公殉職的話，該單位只有三到五天的時間籌劃葬禮，而當天會有上千人前來悼念。

因此，全美各個警察單位得互相支援，一同舉辦殉職同仁的公祭。我們單位也不例外，負責的工作包括護柩，以免陣亡的同仁會感到孤單。葬禮最重要的事項是由主辦單位負責，包括聯繫家屬、抬棺、折好棺材上的國旗（作為戰友，這項是一項榮譽也是責任）。

針對折國旗，我們單位在殯儀館的空棺材上練習過成千上萬次，以防自己人發生什麼萬一。記住，折好的美國國旗只會呈現帶著星星的藍色那一面，不應該露出紅色或白色條紋的部分。

正如我先前提到的，折國旗是在墓地完成的，然後由主辦的儀隊交給家屬。這些旗幟最終會放入箱子，家屬世世代代可拿出來緬懷，以紀念所愛之人的最終犧牲。

我們非常清楚，事實上，這樣的活動非常難辦，而我們只有一次機會在數千人面前把事情做好。所以我們就這麼練習著，很多、很多次……

危機來臨

一般在工作場合，若危機來臨時，你被迫要應對處理的狀況很多，比方說，產品出包遭到客訴、員工互毆或是老闆對業績非常不滿。

你當然有一種選擇：保持沉默、看著緊急情況發生，並祈禱可以安然過關。你也可以與客戶、員工或主管溝通，協商出即時而正面的解決辦法。

只要有適當的訓練，你就能度過這些情況；正如健身就可以練出肌肉。但訓練需要有策略並規律地進行。否則當壓力大到一定程度，大腦的運作能力就會降低，更難想出解決方法。有狀況時，若不想要手足無措，平時就要多訓練，提前預演處理的程序。

本書就是訓練的一環。讀完之後：

你不會再害怕說錯話。

你會知道在不同場合該說些什麼。

你將學會傳達訊息的最佳策略。

客戶和顧客會信任你。

你能充滿自信地帶領團隊。

危機一定會出現，而你也一定能處理它、甚至避免它發生；只要你讀完這本書並貫徹我所提供的各項準則。

當然，訓練不總是有趣的，但如果你有好朋友是警察，就能學會苦中作樂的藝術了。（善意提醒：去聽演講時不要坐在警察旁邊，他們會在最無聊的時刻讓你笑出聲來，但還是維持一副令人難忘的撲克臉。）

因此，雖然本書的練習非常嚴謹，但我會加入些許的樂趣，這也是我的專長。再次強調，我在軍警單位所受的訓練與學到的技能，雖然我希望永遠用不到，但也不能讓它們生鏽。

本書會提供你每天都能用上的技能，它們不僅能讓你在工作上表現更好，還能讓你成為更好的伴侶、父母和朋友。在任何情況下，大家都會把你視為可以信賴的溝通者。

透過書中所闡述的原則，我已改善了自己生活中的各個面向！我可以確定，它們一定對你有幫助。看完這本書後，如果你覺得我廣告不實，請歡迎到我的臉書專頁（https://www.facebook.com/speakerscottharvey）打我臉。

基本上，這些練習對你沒有害處，還會有附加的價值。

歡迎來到訓練基地！

訓練項目

找出問題

第一章

沉默的威脅

我的童年有許多值得懷念的事，尤其一些冒險跟玩命的舉動，可惜我在成長的路上把它遺失在某處了。我們過去常常用磚頭和夾板建造有高度的坡道，腳踏車落地時，雙手還會感到麻木。兒童腳踏車沒有避震器，可見我們有多勇敢！不過這都是往事了。而今，只要我走在下坡，就會非常小心，以免扭傷腳踝！

除此之外，我還很懷念在科技不發達的日子，人們多了許多休息時間。

我出生於一九七四年，在八、九〇年代成長。到了周末，我喜歡和朋友一起看電視，一邊吃著Jiffy Pop爆米花，配著兩公升裝的Big K可樂。看著看著，電視上開始播放國歌。

這很尷尬。九歲的孩子其實並不大確定，在客廳聽到國歌時到底要不要站起來致敬（反正又沒有大人在場）。又或者坐在懶骨頭沙發上，把手放在胸口就好。撇開禮節不談，我們都知道接下來就是電視收播，那是每晚的儀式。

國歌結束後，我們就只好關掉電視。在有線電視出現前，一旦電視台收播，電視機就變得毫無用處，而且我們家也沒有錄放影機。我們只好去睡覺，反正也沒有其他事可做。

我不知道早上幾點電視台開始有節目，畢竟週末我也不會早起。但曾經有個時期，這世界每天都有段沉默的時間。

我的兩個女兒都很嚮往自己爸媽成長的那段時光，因為她們從小生長在眾聲喧嘩的世界。然而在我的青春時光，有百分之九十的時間都在外面和朋友玩耍，因為沒有其他方式可以一起打發時間。我們就只是東晃西晃，找些合法、不會傷害人的活動。

你上次遠離3C用品是什麼時候？放下它們會讓你感到不安嗎？我會。我現在離不開它們，但有時會懷念童年時光，在沒有高科技打擾的夜晚好好休息。

今日，寧靜已經變得很奢侈了：**因為我們生活在一個永遠不會沉默的世界。**

大腦會將沉默當成威脅

軍隊在進攻時，經常會使用「無線電靜默」的戰術，以防敵人監控自己的無線電通訊。在我二十年的執法生涯中，我們也有類似的沉默技巧，並用於以下場合：

1. 我們正在找的人家裡有裝警用無線電掃瞄器。
2. 進入營業場所或住宅尋找嫌犯或相關人士。在這種刺激腎上腺素的捉迷藏遊戲中，交談或使用無線電都會暴露自己的位置，為了安全起見，我們只能用手勢和其他動作來示意。

你看，沉默也是一種策略，主要用於緊急而敵對的情況，但絕不能當成商務活動的準則。

在前往企業或組織授課時，我最煩惱的情況就是對方在低潮時陷入了無線電靜默。無論是產品出包、員工犯錯被炎上或銷量下滑，從主管到基層人員都士氣低落、保持沉默。

我知道，這些都是艱難的情況，大家不知道該說什麼，不如保持沉默。

這種靜默會破壞團隊的融洽，但大家都不在乎，就連該出手的時候都悶不吭聲，導致情況越來越糟。我再強調一遍：

沉默會破壞向心力，不可小看它的威力。

如果是商業上的競爭對手，當然對彼此要有所保留。賣甜甜圈的店家有秘方，廣告公司也不會跟人分享行銷計劃；正所謂兄弟登山、各自努力。

然而，在一個工作團隊中，不經意的沉默會分化彼此，並導致小團體出現。新同事到職後，如果沒人主動關心他，久而久之，他就會覺得自己被刻意排擠了。

又假設你在甜甜圈專賣店工作。有天店長改了班表卻沒有告訴你，或沒有交代這個月出了哪些新口味，那你工作一定會出包。瓊斯太太習慣在週三來買十二個甜甜圈，你卻沒有提前幫她準備好，那到時你一定會被她罵。最終你會開始覺得，你不屬於這個工作團隊，或店長是故意在找你麻煩。這就是沉默的分化作用！

對於大腦來說，沉默多半是一種威脅，會令它啟動戰或逃的反應。這聽起來不太理性，不過大腦的功能就是如此：只要發現威脅，當下就會自我防禦。科學家稱此為「蜥蜴腦」，也就是大腦中的爬蟲腦複合區。只要有事情進入蜥蜴腦，大腦的邏輯推理就派不上用場。

靜下來想，讓我們再回到甜甜圈專賣店的例子，並試著找出合邏輯的解釋。也許是你自己忘記班表改了，沒有意識到要提前幫瓊斯太太包好甜甜圈，於是她在一排顧客面前對你大吼大叫。這時你也沒辦法理性思考，一心只想擺脫尷尬。蜥蜴腦的邏輯能力是零，只有想到生存問題。我們的祖先就是這樣逃離劍齒虎的追獵。

為什麼沉默會被他人視為威脅？這可以從情境歸因（Situational attribution）和性格歸因（Dispositional attribution）的差異來看。雖然聽起來很複雜，但其實是很簡單的概念：

情境歸因：基於情境（外在因素）來推論某人的行為。舉例來說，老闆沒有即

時回覆我訊息，可能是因為他很忙，或助理沒有轉達。

性格歸因：基於性格（內在因素）來推論某人的行為。同樣的例子，老闆沒有即時回覆訊息，可能是因為他不喜歡我，甚至想要炒我魷魚。也許他還記得，我在兩年前的聖誕派對上跟他開玩笑。（那時我模仿《小鬼當家》的麥考．利克金對他說：「去死吧！你這隻醜陋的野獸！」）

問題就在這裡。沒有建立足夠融洽的關係，大腦就會自動將對方的沉默當作性格歸因。大腦沒有試著去推敲原因和理由，只會提醒我們要注意這個假想的威脅。但事實上，他們的沉默可能是出於情境歸因：太忙了或是電子郵件被歸到垃圾郵件的資料夾。總之，事出必有因，請盡量找出符合邏輯的解釋。請記住：

大腦只要一感知到威脅，邏輯的效力就會減弱。

先有融洽的關係，才有令人安心的沉默

我的演說都是以三十秒的沉默當作開場白。在主持人將麥克風交給我之後，我就一言不發，半分鐘。

試試看，闔上書本，拿出你的手機來計時，然後保持沉默三十秒。

我等著。

很長一段時間，對吧？

也許你忍受不了，所以十五秒後就開始滑臉書。

這實在是太尷尬了！

如果你在我的課堂上，就能體會到這三十秒有多長。相信我，這真的很難熬。

講課時，只要我停頓十秒鐘，氣氛就會變得尷尬；大約二十秒左右，聽眾就會開始感到不安。台下總是會有人試圖打破沉默。

「你還好嗎？」

有人會乾笑一下，還有人會清清喉嚨。大家開始感到不自在，左鄰右舍交頭接耳，座椅嘎吱作響……這些細節總是令我感到有趣。

三十秒到了，鬧鐘響起時，我會說：

剛剛只過了三十秒。你們期待我說些什麼，但我沒有。球明顯在我手上，但我沒有採取任何行動。對你們很多人來說，看著我保持沉默是非常不舒服的。同樣地，你的員工或客戶都在等待你的回音，他們也一樣不舒服。

演講結束後，總是有公司的主管私下跟我表示，他們沒有想過原來沉默會有那樣的殺傷力。他們坐在那裡等我開口說話的那三十秒裡，大腦浮現了數十個我之所以保持沉默的可能原因。不過那些想法都讓他們覺得，接下來要花兩小時聽這場演講是浪費時間。

有位高階主管非常認同我的演講內容，他說：「每年我們都會為專案經理提供培訓課程，所以請來史考特擔任客座講師。他的演講切中我們的需求，能幫助同仁改善溝通方式。我受過二十多年的領導力培訓，但從未聽過這麼有啟發性的課程。」

這真是個好消息。如果你常常在公司或團體裡保持沉默，就想想其他人所體會到的威脅感。你可以修正自己講話的習慣，隨時重啟融洽的關係，而這就是秘訣。

正因為有融洽的關係，所以我和妻子在開車旅行時，能一個小時都不交談，而且不會覺得對方在生氣。我們不會懷疑彼此，而且在這段關係中感到舒服自在。但要建立這種融洽關係，彼此要花很多時間交談和相處，之後才有安全的沉默空間。

有融洽關係當後盾，我們就不會把沉默視為威脅。當對方了解你的性格，就會更願意相信你。

泛舟帶來的教訓

沉默所造成的傷害如此之大，但許多公司和組織在危機時刻卻沒有開啟溝通的管道。為何會如此？為了解釋我的理論，我要告訴你一個慘痛的教訓。有天我親眼目睹小女兒差點死在我的面前，而這一切都因為我的無知。

為了讓這個故事顯得合理，你首先需要了解的是，我不太喜歡專業的戶外活動。我喜歡去外面晃晃，但同時也喜歡待在冷氣房。我會去健行、散步、打球，但對搭帳篷和露營沒興趣。如果你有一輛附有冷氣、冰箱和浴室的露營車，那我會考慮看看。

我不釣魚、也不打獵，但你捕獲的野味我一定會享用。我會去超市買料理好的食材，或乾脆上餐廳打牙祭，就是不想自己動手宰殺動物。若我獨自一人被丟在樹林裡，應該沒辦法存活太久。我也承認這些弱點，但我是個男人，所以會花很多時間假裝自己有男子氣概。

講完這些話，讀者應該都在翻白眼了。放我一馬吧，我並不是十項全能啊！

好，我離題了。

幾年前，我的大女兒去參加營隊，而十三歲的小女兒也對皮艇（kayaking）很有興趣。那時，我們都在努力讓她參與各項活動以遠離手機，於是我很高興她想去嘗試戶外活動。我的小舅子有一切必要的裝備，而且只要下雨過後，我們鄉鎮的那條小溪就非常適合划皮艇。

於是那天，在一場夏季雷雨後，我們決定借用他的設備帶小女兒去划皮艇。不過，我和妻子之前只有玩過雙人划艇（canoeing）。但我想操作原理應該相通，對吧？男人總是喜歡裝懂。我們在小舅子的穀倉裡整理皮艇，但我只用半隻耳朵聽他交代注意事項，包括小溪中有哪些障礙物。就是因為我沒有認真聽，差點害我女兒喪命。

當我們整理裝備時，他說：「救生衣在那邊。」

我一臉好笑地看著他，說：「這條小溪的深度頂多只到腰部。我們不需要救生衣。」

妻子立刻插話，並向小舅子保證，所有人都會穿上救生衣。這段婚姻走了二十年，我當然知道什麼時候該吵架，什麼時候該閉嘴。外面很熱，但小溪都在陰涼的河谷，所以我沒有再反對，於是隨手抓起那些救生衣。看吧，我的妻子不但漂亮，而且還很聰明！

我們抵達溪邊後，便划著皮艇出發。水流的速度令我感到驚訝，等一下想必會很好玩，就算我穿著救生衣也不會出太多汗。我甚至把手機從防水袋裡拿出來，上傳了一張「皮艇之旅」的照片到社群網站上。不用說，爸媽帶孩子在做很酷的事情一定要發文，這樣其他家長才會嫉妒你完美的生活。

我妻子打頭陣，女兒瑪琳在中間，而我墊後，我認為這樣的順序最安全。我們前後保持三十公尺的距離，輕鬆地在小溪中航行，笑聲此起彼落。那真是個美好的一天，直到……

要划過轉彎處前，我聽到了水流的聲音，並看向角落，發現左右邊各有一棵樹倒在水面上。那時我想起了小舅子的提醒，他說：「樹木不時會擋住河道，但只要繞過它們就好了。沒什麼大不了的。」我不是戶外專家，並不知道「繞過」指的是划到岸邊，下船後拖著皮艇走一段路，以避開樹木所形成的障礙區，然後再安全地回到溪中繼續划。

我看到樹木間有個約莫皮艇大小的間隙，還以為「繞過」就是轉動船身再繼續划。當然事實證明這是可能的……只是很危險。

我的妻子先走，在湍急的水流中做了兩次漂亮的一百八十度旋轉後，安全地穿過樹木間的縫隙。

瑪琳是下一個。她也是皮艇的初學者，但十三歲的她身體沒多少力氣。她進入第一個彎時轉得太晚了，所以皮艇的側邊撞到了第一棵樹，於是船身橫擺迎向湍急的水流。她的皮艇馬上翻覆，人也掉進水裡。她在落水前與我四目相對。

我在她身後三十公尺處，看著她被水沖走。那瞬間我趕緊下船，在及腰深的溪水中站好後，就以最快的速度朝著她走去。但我找不到她，而她的皮艇也漂走了。

最後，當我走到樹木的前方時，才看見她的手肘露出水面；她緊緊摟住那棵樹，宛如抓住救命索。我看到她的臉不時浮出水面，猛吸氣後又沉入水中。我朝著她走去，意識到我只有一次機會。水流太急了，如果我一個不小心，就會被沖往下游，要回頭救她就很難了。

我努力站穩，慢慢移動到她身邊，接著抓住她救生衣的肩部（幸好我們有穿上），然後用盡全身力氣拉，總算把她拉出水面。她一邊咳嗽一邊哭泣，水從她的嘴巴和鼻子湧出，真是嚇死我了。

就在這時候，我的皮艇漂了過來，於是我叫她先上船，等她鎮靜下來後，我再去找回她的皮艇。她看著我說：「剛才我一直跟自己說，爸爸一定會來救我的。」這幾句話擊潰了我。她知道我不喜歡戶外活動，但很清楚我會盡一切努力救她。

我扶著船在溪中走了約一百公尺，在下游的妻子已經把瑪琳的皮艇拖到岸上了。我們平安地完成這趟體驗，而小女兒對皮艇的興趣降至為零。我向她保證，最近假日我們都會待在家裡。

回到家後，妻子和女兒趕緊去浴室清洗身上的髒汙。我坐在前廊上，喝一杯啤酒，試圖平撫激升的腎上腺素。在這個美麗的夏日，由於我的無知，我差一點看著女兒淹死在我面前。

但我突然領悟到一件事。翻覆後，她的小船先沉到水裡，但她下意識地抓住了樹，所以在那邊載浮載沉。她的蜥蜴腦偵測到危險，並對身體傳送訊號：「撐住，爸爸等等就來救我了。」事實上，她不需要在那邊撐著，只要順著水流漂往下游就好。抓住樹枝令她有安全感，但雙腳因而在水中騰空、無法站立，整個人不斷被樹下湍急的水流沖刷。

她的生命陷入危急時，便馬上伸手去抓能找到的安全物品，並死命地不放手。這就是差點害死她的原因。我在前廊上休息時意識到，從理性來上說，瑪琳應該放開那棵樹。但當生命岌岌可危時，邏輯不會是優先選擇。

抓錯浮木的後果

在組織中，當事情變嚴重、情況一團亂時，我們會保持沉默，就像抓住浮木一樣……令人很有安全感。尤其是在壓力山大時，我們會抓得更緊，因為不知道還能做些什麼。但你牢牢抓住的東西很可能讓你陷入困境。在後疫情時代，以前行之有效的方法現在行不通了。我們在二〇二〇年放棄了很多東西，而根據我的經驗，最能經得起疫情風暴的組織都是內部溝通順暢的，它們絕不會錯過尋找生路的機會。而那些固步自封的公司，要嘛在二〇二〇年倒閉，要嘛開始學會新的溝通模式。

你也不例外。

你的沉默所造成的代價比你意識到的還要多，但你可以有所改變。有效溝通是成功的必要條件，不論是生活或工作，你並不缺乏能力或目標，只是缺乏訓練和信心。

每位運動員在比賽前都會不斷練習，每位警察在第一次追捕要犯前都經過了上千個小時的訓練。運用書中的原則，你就能有技巧地打破沉默、讓團隊成員的溝通更順暢。你的領導力會變強，並且往更高的職業生涯邁進。

如何適時打破沉默?這一定有方法的，我保證。在深入探討相關策略前，我們需要花一點時間了解大腦的運作模式。如果別人無法接收到訊息，無論你說什麼都沒有用。因此，一定要確認對方是否理解我們要傳達的意思。

第二章

大腦會篩選訊息

我的大腦故障了，這是我自己造成的，雖然有時也不是刻意為之的。我當了二十年的警察，大腦的反應已經與一般人不同了。一般人總會希望生活平順，也都以為天下沒有新鮮事。大家寧願相信人性本善，所以很少質疑他人的動機。然而，最壞的情況總是會發生，希望你到時也不要被嚇壞。雖然單純是一種美德，而我們也不想要失去它。但身為執法人員，我可不能靠它活下去，而必須戰戰兢兢地過。

大家對於警察的印象就是憤世嫉俗，我很想否認這一點，但事實確實是如此。說句公道話，我們每天都要跟全美百分之五的犯罪人口打交道，所以偶爾遇到其他百分之九十五的善良老百姓時，就很難給對方好臉色看。

生活平順的話，不會有人打電話給警察。不會有人打一一〇通報自己找到了新工作、丈夫自動自發地洗了碗、孩子成為優等生……執法人員不是啦啦隊，而是清潔工。混亂發生時，我們就會接到電話，於是忘記了生活大部分的時候都是平靜的。我們日復一日地要處理混亂的局面，所以腦子都壞掉了。

更科學地說，執法工作會改變我們的腦部網狀活化系統（Reticular Activating

System，簡稱RAS）。RAS是大腦資料輸入時的過濾網。視覺、聽覺、嗅覺和觸覺所接受到的資料都會先經過RAS。我們每天都會接觸到無數的資訊，如果全部照單全收，大腦就會不堪負荷。訊息到底有多少？每秒大約一千一百萬位元，但問題是，大腦的意識層面每秒只能處理五十位元的資訊。

兩個女兒滿十六歲時，我和妻子一起教她們開車。最初的幾堂課讓我想起，開車時身體做了多少動作，而且大部分都不是出於有意識的念頭。因此，我常會忘記把一些步驟說明清楚：

- 踩剎車和油門要平穩施力（急煞和急踩油門都會導致脖子酸痛）。
- 視情況調整轉方向盤的速度。
- 視線停留在前方時，要用餘光瞄後照鏡，以提醒自己後方的情況。
- 手機響起時不要理會它。
- 聆聽導航的指示（現在青少年很多是路痴，因為他們在學開車前，只會在後座滑手機，而不是認路、培養方向感）。

• 電台播放你討厭的歌曲時也要耐著性子聽完……

這些注意事項真多。我光是打字就累了！

幸好我們有RAS，它會過濾掉不重要的事情，好讓我們保持活力和理智。否則我們每秒要接收將近一千兩百萬位元資訊的干擾。說到這裡，不如感謝一下你的RAS吧！它讓你成為有經驗的駕駛甚至是客運司機。

每當我離旁邊的車太近時，妻子都會極度緊張，宛如要吸光車裡的氧氣。這時，我就得反覆提醒她，開車時，駕駛不可能顧慮到所有的感官訊息。有誰每次開上車路時會先默念「發動引擎、放手剎車、換排檔、看後照鏡……」。

那麼，RAS篩選資訊的標準為何呢？基本上，這取決於我們意識的焦點與重心。

讓我們具體來看看RAS的運作原理吧！

回想一下你上次購買新車的情況。領車出廠的那一天，我敢打賭你已開始發現，路上到處都是同型號的汽車，發現大家的品味都跟你一樣。別鬧了！你才不想跟大家一樣，你買這輛車是為了與眾不同，結果卻挑到一輛國民車。

坦白說，那款車一直都在路上跑，只是平常沒有通過你的篩選系統，因為你還沒打算買車，RAS先幫你過濾掉了。等你決定要買車後，你就會在挑選的過程中對它投入心力以及自我同感。於是，你的RAS會把它標記為重要資訊，並過濾掉其他千百種車款。

當了二十年的警察後，我的RAS很擅長挑選出會讓我受傷的事物，並偵測潛在的威脅。我很容易注意到不協調的狀況或舉止怪異的人。順道一提，現代人的舉止愈來愈奇怪，所以我腦內的警報器常常作響。

想在餐廳裡找到下班的警察嗎？若此人坐在桌子旁，背靠牆、面朝門或整個空間，客人走進來時會抬起頭來——那此人八成就是波麗士大人！為什麼？因為我們習慣觀察周遭的環境，哪怕已經下班了，還是會觀察身邊有沒有可疑人士或恐怖分子。

以防萬一，我們會不斷地在腦海中想像眼前空間的動線，並規劃攻擊與防守策略。我們也會找尋最近的出口在哪裡，此空間中哪裡可以做掩護，在緊急情況下可以找到哪些防身器材。

聽起來很累嗎？歡迎來到執法者的大腦，為了求生存，它有一整套的條件反射機制，而且很難關閉。

自己的故事自己講

作為警局的公關人員，我得經常動腦，設想要給媒體的說法與解釋。只要發生重大事故或刑事案件，我就得去跟媒體打交道，讓公眾知道執法人員的能力，包括保護受害者以及大眾的公民權利。與此同時，我還得澄清不實的謠言和指控。換句話說，我是專業的說故事者。而今我去企業上課時，也會幫助學員講好自己的故事並學會篩選訊息。

經歷二十年的職業生涯，我的大腦已很擅長整理故事。我發現，在某些場合中，第一個把故事講出來的人就能控制氣氛，即使這個故事會讓你本人或你的公司看起來很糟；如果是前者的話，你更應該成為第一個嘲笑自己的人。再強調一遍：

你要成為第一個說出自己（或你公司）故事的人。

我們都會搞砸事情，但如果事情沒有如你所預期的發展，那就說出來，然後告訴大家你打算怎麼做。這樣眾人就知道，你已意識到這個問題，並準備修正它。你應該指出自己的錯誤，並向你的員工或客戶保證，你有決心要改變。這麼一來，你就更不會重複犯下這些錯誤，之後也能恢復信心。

前面提到，大家好像都不在乎沉默會破壞融洽的關係。公司處於危機時，說點什麼不是壞事，這不代表要大吵一架或是發表不切實際的聲明，但至少得踏出解決問題的第一步。

你不說話，這個故事會由其他人去講。

你保持沉默，就等於把詮釋權交給他人。

盡快發布聲明，然後著手解決問題。

這正是我們接受訓練的目的。然而，光是發出訊息還不夠，還要確保對方能正確接收到。

面對面溝通可減少誤會

知名的搖滾樂團「極限」（Extreme）有一首名曲叫作〈言語之外〉（More Than Words），在述說著戀人除了口說「我愛你」，還有更多方法可以表達愛意。

作為警局的公關人員以及人質談判專家，我腦海常常得不斷重複設想各種說詞。每當我傳達訊息時，不僅僅是簡單地開口說話，還必須確保對方了解我的意思。管理學大師史蒂芬．柯維說過：「在腦中構思再行動。」（Begin with the end in mind）。我也鼓勵你，開口前先在腦中與聽者對話。

基於腦科學的原理，我們得以確保訊息能傳達出去。我認為，訊息傳達有兩大阻礙：壓力和恐懼。這非常重要，稍後我會再解釋與說明。

我們先來了解的大腦如何處理人際溝通。從演化的角度來說，大腦更喜歡與人面對面的溝通。仔細想想，這是人類祖先唯一的溝通方式。演化是緩慢的過程，過了數萬年後，面對面依舊是人類最首要的溝通方式。跟著前後脈絡，我們才有辦法理解對方言談的內容。

研究人員發現，人類只能從他人所說的話中獲得百分之七的資訊。問題來了，那其餘的百分之九十三的資訊是由什麼組成的呢？這個問題很好，知道答案後，你就會徹底改變自己的溝通方式。

大腦從語氣中獲取百分之三十八的訊息（表達方式、音量、抑揚頓挫等），另外的百分之五十五是非語言的線索（眼神飄移、表情、手勢、雙腿交叉和姿勢等）。你應該可以想像，在當前這個以網路交流為主的世界中，光靠文字會造成多少誤會。[1]

我敢肯定，許多人跟伴侶發完簡訊後，會不清楚為何對方要生氣：

我：今天下班後我想跟那些傢伙一起去吃晚餐。

妻子：你去啊！

嗯嗯嗯……妻子的意思是：「可以啊！今晚我很忙，也沒空煮晚餐。玩得開心！」或者是：「你就去吧，我親手準備的晚餐我自己吃就好。反正吃不完你明天還可以帶便當。我就看大爺你何時賞給家人一頓晚餐的時間。」真是的。

很奇妙吧？「你去啊」這簡單的三個字有這麼多微妙的意思，所以得加上語氣和表情才能確定對方的意圖。

難免會有人因為你的簡訊或社群媒體發文而生氣。如果你搞不清楚他們生氣的點在哪裡，那就請他們大聲唸給你聽，透過對方的語氣，你就知道他們是如何理解你寫的內容。或許你認為自己寫得詼諧又有趣，但只要對方有所誤解，就難免會感到不高興了。

我與十多歲的女兒談論這件事時，她翻著白眼說：「爸爸，這就是表情符號的用途！」表情符號確實有助於傳達語氣，但我不建議在工作的電子郵件或對客戶的簡訊中使用。

講述自己的故事時，必須確保對方有掌握到你的意思。要突破RAS的侷限，有話就必須說出口，因為語調和非語言線索非常重要；少了它們，溝通就很容易出問題。我們也必須學著管控壓力和恐懼（無論是聽眾者還是自己的）。沉默會衍生出很多問題。

第三章

壓力

作為人質談判專家，我總是在高壓的環境與人溝通。許多罪犯常常沒有活下去的鬥志，因為他們跟家人斷絕關係、人生無從選擇，所以不斷地犯錯。他們前科累累，無法找到有意義的工作。他們沒有能力照顧孩子，所以政府會收回他們的監護權。因此，每當他們與警方對話時，都會覺得自己又要掉入那個惡性循環，所承受的壓力也已達到極點。

我多麼希望，這些人只是我作為人質談判專家所遇到的個案。遺憾的是，他們的命運都很類似，唯一不同的只有人名。

除了警局的工作，我也得幫助兩個女兒度過青春期的尷尬，包括中學生得面對的壓力。我指導她們管理自己的社群帳號，教她們在排球場上做出超強的發球，並讓她們理解青春期的男孩十分不擅於溝通。許多事情對青春期的女孩們來說都是壓力點（而男孩最大的壓力源是怕被女孩拒絕……好，我又離題了）。

有些人會說，因為我的工作性質很獨特，所以有很多機會在緊繃的情況下與人溝通。雖說如此，但當今社會的壓力很多，阻礙了人與人之間的有效溝通，就算你不用社群媒體、沒有受到種族歧視、也沒空關心政治議題，還是有其他問題會令你煩惱。正如二〇二〇年爆發的肺炎疫情讓每個人都束手無策！

壓力會破壞溝通的管道

我百分之九十五的收入都是來自於演講和在企業授課，但新冠疫情爆發後，群聚變成致命的社交活動。身為講師以來，我不曾感受到這種壓力。我沒辦法去做自己最擅長的事情，大腦也不知如何應對這種情況。許多人都跟我一樣，有生以來第一次在家遠距工作。這是從未預期的狀況，當然啦！整天在家穿短褲感覺很輕鬆，但日子久了，便會開始感到四周的牆壁正朝著自己逼進。一開始，我們沒料到疫情會如此發展，而最後它變成意想不到的挑戰！美國人從未遇過這種全球性疫情！

二〇二一年初，我跟心理諮商師預約時間，這是我成年以來第一次做心理諮商。我等了六十天，才終於輪到我去晤談。看來被疫情打敗、苦苦掙扎的人，不只有我一個。

近年來，有嚴重焦慮和憂鬱的人口不斷激增。美國精神醫學學會的調查顯示，從二〇一六年到二〇一九年，百分之三十五的美國人表示，自己所感受到的壓力一年比一年高。到了二〇二〇年十月，有百分之六十二的美國人覺得自己比往年更加焦慮。一開始，政府宣布「二週後疫情將趨緩」，但半年過後，沒有人知道它何時會結束。每個人的大腦都快爆炸了，至少我自己就是這樣。

我在這段經歷中學到，焦慮、恐慌或憂鬱都是正常的狀態，不代表我崩潰或變得軟弱。我所表現出的樣子，都是常見的心理症狀，它們不是因我的個性而起，而是大多數人都在經歷的困境。好消息是，只要你願意接受這個狀態，並尋求專業人士的協助，那麼治癒的機會就很高。

壓力、焦慮、憂鬱……每個人都不想要談這些心情，覺得很丟臉。但只有說出病情，才有治癒的希望。

我相信，新冠疫情帶來的正面效應之一，是我們比以往更願意討論心理健康問題。我一向喜歡公開和誠實的討論，這是改善困境的唯一方式。

為了達成有效的溝通，我們需要了解所壓力造成的干擾。無論是與員工或客戶溝通，我們都要留意對方所承受的壓力，也許他們腦中只有嗡嗡聲，會蓋過你所說的任何內容。

因此，想要讓別人接收到我們的訊息，就必須先幫助他們應對壓力。

冷靜下來再處理問題

我從人質談判訓練課程中學到最有用的概念就是「大腦中的蹺蹺板」。這看起來很抽象，但等我稍後解釋，你就不會忘記了。它將從根本上改變你的溝通方式。

我清楚記得，小時候玩蹺蹺板時，只要身體向後傾斜、腳跟壓向地面，就可以讓另一端的人高懸在上方。有時我會威脅玩伴說要離開，這樣他們便會重摔回到地面。我被人這樣整過，也這樣弄過朋友；每次我們玩蹺蹺板時都會這樣互相傷害。這種遊戲的樂趣就在此……難怪現在操場上蹺蹺板變少了。我們這一代的人小時候都很容易玩到受傷，這絕對是不該學習的。

上學後，我們開始了解蹺蹺板的科學原理：一邊低，另一邊就高。大腦的蹺蹺板也一樣，情緒在一邊，邏輯（理性）在另一邊。情緒高高在上時，邏輯就落在低點；而情緒指的是恐懼、憤怒、沮喪和渴求等。一整天裡，情緒來來去去，蹺蹺板就會上上下下。大多數時候，蹺蹺板的擺盪很平穩，所以我們自己也不容易注意到；但有時候情緒卻高到可以觸及天空。

假設某天出任務時，我被叫去跟嫌犯談判，而對方的情緒非常激動。這時，他大腦中的蹺蹺板一定很不平衡，因為在緊繃的狀態中，他們的身體無法聽從理性的呼喚。每個人都有這種經驗，伴侶歷經一整天的工作壓力回到家後，就會不斷宣洩情緒。這時，不管你怎麼好說歹說、提出合理的解決方法，他們還是會滔滔不絕地抱怨，彷彿沒有聽到你的聲音。他們並不是沒有自覺，只是腦內的蹺蹺板失衡了。他們當下確實沒有能力讓邏輯上場；情緒把他們困住了。他們高懸天空、雙腳踩不到地，內心陷入痛苦中。

這時你可以請他們表達意見，並提出開放式問題讓他們繼續說話。沒過多久，他們應該會得出你二十分鐘前提出的合理解決方案。他們會以為是自己想出來的，其實是剛才有聽到並進入腦海中，只是一時無法處理它，直到蹺蹺板恢復平衡。

情緒高漲時，我們什麼都聽不進去；等到腳觸到地面，就能聽到你要說的話了。因此，「回房間反省」是個絕佳的管教方法，這在工作場所也能有效運用。

我還是個孩子的時候，總覺得回房反省是世界上最糟糕的懲罰。在我那個年代，小孩的房間不是個有趣的地方，裡面有只有一張床、一個矮衣櫃和許多髒衣服。我的房間裡沒有電視，當然也沒有電腦和智慧型手機，所以回房反省時，只能坐在那裡發呆。太可怕了！

管教孩子的時候，我不是把回房反省當成懲罰，而是當成彼此冷靜的方法。有時是我的蹺蹺板失去平衡，讓孩子回房去對他們比較好，以防我做出情緒性的舉動。在這段期間，我的蹺蹺板會慢慢恢復平衡，之後就能應對稍早的情況。

當我的情緒平撫下來時，便會走進她們的房間，為自己的情緒失控向她們道歉。

如果我沒有請她們回房，還提高音量、說了一些傷害她們的話，那往後親子間的溝通會更加困難。

因此，每當工作壓力變大，回家後沒辦法心平氣和說話，感覺到自己的情緒不斷升溫時，不妨跟家人說：「我想好好跟你討論一些問題，但請給我十五分鐘時間休息一下。」利用這段時間讓大腦的蹺蹺板恢復平衡，在稍後重啟對話時，問題就會更容易解決了。

雖然我是人質談判專家，但我還是深信，良善是最重要的品格。我在街上與混混打交道時，總是會想到這個蹺蹺板。可想而知，我被取了很多不討喜的名稱，還常被人挑釁和威脅，就像在電影《威龍殺陣》的主角道爾頓那樣。

我真是愛死了這個角色。

道爾頓身為酒吧裡的保鑣，他經常教導其他工作人員，要努力保持和善的態度。如果不得不把某人趕出去時，就客氣地請他離開，如果他不肯走，就半哄半騙地帶他出去。再不行的話，就找其他人幫忙，但總之都要保持和善。道爾頓最後強調，這不是針對某些人，而是工作的職責。作為警察，我也會和善地逮捕嫌犯、和善地進行正當防衛。我會和緩地拒絕對方或說服別人，並避開大多數的爭鬥。

很多時候，嫌疑人會威脅我、辱罵我……當他們被抓進拘留室後，等到蹺蹺板恢復平衡，就會跟我道歉。壓力退去、恢復理智的他們，才意識到自己是大混蛋，而我仍然保持和善。

下班時，我偶爾會遇到被我逮捕過的人，他們對我和我的家人都很友善，因為我當時也很客氣地處理他們的問題。這就是善的循環。

恢復平衡

雖然讀者們應該沒有機會去跟歹徒談判，不過這套方法在哪裡都管用。不論你待在哪種組織或團體，成員的蹺蹺板都會突然失衡；與客戶或顧客聯繫時，也要留意他們的情緒。

若是客戶或顧客主動聯繫你，那你就要更加留意他們的蹺蹺板了，因為很有可能是出了問題。新客戶有疑難雜症，而老客戶會對你的產品或服務不滿……但總之他們都付了錢，難免會有情緒。

萊恩・謝爾漢特（Ryan Serhant）參加過實境節目《紐約經紀激戰錄》（*Million Dollar Listing New York*），也是一名暢銷作家。他不斷強調，買東西是情緒性的舉動，而不是合乎邏輯的決定。無論是銷售產品或提供服務，都是在跟與客戶的情緒打交道。於是，我們的工作重點在於，如何偵測對方的情緒並幫助他們度過。

他們也會怕買錯東西，你必須提供可靠的資訊並保證你的產品很適合對方。介紹商品時，別讓對方感到有壓力，只要提供管用的訊息，就能降低對方的防衛心。

客戶的判斷會受他們的情緒影響，你可幫助他們緩和心情，再以邏輯和理性說服對方，也就是所謂的「動之以情，說之以理」。等他們用理性和平穩的情緒做出決定後，就會對我們的服務感到滿意。我們承認對方的情緒，但也幫助他們走回理性決策的路上。

不過，真正的挑戰在於，當對方的蹺蹺板失衡時，你不要受到牽連。你察覺對方有情緒，但無需用自己的情緒來回應。話雖如此，只用邏輯和理性來處理情緒也不妥當。

身為執法人員，我們更傾向以邏輯和理性來處理問題，所以常常看起來都很冷漠和無情，畢竟得在高壓且短時間內做出決定和判斷，以挽救受害者的生命。我們沒有太多時間處理情緒，必需迅速採取行動。當然，我們也需要透透氣，有時確實是需要邏輯和理性，但不可能總是如此。

我之前提到，小時候我玩蹺蹺板時常常做危險動作，看著另一端的朋友迅速重擊地面。想想看，地心引力不但是法則，也蘊含一些道理。

對於執法人員來說，花更多時間來處理自己的情緒是很重要的。威脅出現時，我們要從邏輯和理性這一端用力一蹬，讓情緒墜落地面，以迅速應對危急的情況。一旦威脅解除，就可以讓情緒重新回歸。[1]

生活中也一樣。大家應該都同意，產品有問題時，打電話到客服總會令人受挫。在選擇服務項目後、輸入身分證字號，然後還要回答個資問題以確認身分，手忙腳亂了一陣子，才終於跟活生生的人通話。說出問題後，你聽著電話另一頭的人的打字聲，接著他用平淡、機械的方式回答你：「造成你的困擾我們感到很抱歉。」他當然沒有感到抱歉，只是在念稿。我聽著聽著就更生氣了。

幸好蘋果的客服很人性化。有時候，即使產品沒有故障，我還是會打電話跟他們請教相關問題。因為他們總是有最專業的服務，絕不會照本宣科，會真誠地想要提供幫助。上一次我打電話給蘋果客服，表示我的MacBook似乎故障了，而電話那頭的技術人員說：「哎呀！大哥，這太糟糕了，它不該這麼卡卡的。修復的方法很簡單，我會詳細告訴你如何進行故障排除。」這真是理性與感性兼具，他用「這太糟糕了」來同理我的心情，接著又以清楚的邏輯來帶我解決問題。

從以上的說明，我們可以理解壓力如何阻礙溝通管道。但這並不是唯一的障礙。作為談判專家，我還知道恐懼的破壞力也很強大，它同樣使我們腦中的蹺蹺板失去平衡。

第四章

克服恐懼

如果二〇二〇年及二〇二一年有一種商品持續在販售，我很確定那就是「恐懼」，而每天都有應該害怕的事。新冠肺炎疫情蔓延，每個人都得佩戴口罩，人人都得保持一點五公尺的社交距離；不管你對於種族、階級、女性有歧視心態，或是關心社會正義，也或許凡事都漠不關心，都變成次要的問題。雖然如此，酸民仍有可能會挖出你十五年前的網路推文，讓你被眾人炎上。這是一場全方位的尋寶遊戲，大家會公開羞辱那些越線的人，但界線也不斷在變，根本就沒有人知道哪裡才是安全的。

實際上，早在疫情爆發前，我們就因恐懼而停止了有效溝通。人人都害怕說錯話，所以索性什麼都不說，才能明哲保身。前面說過，我們並不在乎沉默破壞了融洽關係。因此，遇到低潮的時候，組織中的成員總是一副冷漠的樣子；因為他們不想冒犯他人。基本上，這種消極的態度反而造成人際關係惡化。

在商業領域尤其如此。

毋庸置疑，這是一個動盪的時代，你我每一步都如履薄冰。但很多時候，沉默只是出於漠不關心，而不是避免說錯話。根據我的經驗，在說錯話的當下道歉比較有效果，事後才要彌補反而沒什麼效果。在談話中過度沉默，你的顧客、客戶和員工會以為你有所盤算或不滿，他們不會考慮你的處境；若過程中有誤會，就可能埋下不合的種子。

別怕碰觸敏感議題

想像一下，你來聽我的演講，你坐在後排的座位（想要跟大家保持距離），而此時我邀請一位志願者上台來分享。你馬上舉手，說你身旁的同事有話想說；這是你的復仇時刻，誰叫他總是叫你請客！殊不知，我最喜歡這種找你這種人。別忘了，我是談判專家，當然會看出你的心思。因此，這種惡作劇會適得其反。

你的動作和眼神告訴我，你就是催化劑，能讓我的演講更精彩！一開始你故作矜持，但我知道你內心蠢蠢欲動。畢竟你是為舞台而生的！

上台後，我請你幫忙，向觀眾描述台上的投影片：「假設大家都看不清楚這張畫，所以你要講得很詳細。」我猜想你活潑又愛說話，應該會有出色的表現！但過程中，我會扮演你內心的獨白者。也就是說，每當你開口說話時，腦海中就會自動響起：「你要小心不要冒犯他人，否則威爾．史密斯就會從觀眾席中衝出來摑你一巴掌。」

投影片中有一幅美麗的肖像畫：主角是戴著帽子、黑皮膚的老先生，令我想和他一起喝杯咖啡，聽他聊聊他人生。他臉上和緩的皺紋以及微微上揚的嘴角，彷彿隨時都可以跟你講個笑話；他眼神閃爍著光芒，可看出他的精神十分堅強。這個人顯然經歷過大風大浪！但要如何跟現場聽眾描述你的感覺呢？

一開始，你先客觀地描述：「這是一位老紳士。」我馬上打斷你的發言：「老頭？你有年齡歧視嗎？用詞要謹慎！你怎麼知道他是紳士，搞不好只是裝模作樣而已。」於是你開始侷促不安了。

然後，你開始描述帽子的外型……因為那是畫中最清楚的東西。你害怕說錯話，所以不敢想像這位紳士有多優雅。你的恐懼很快變為沉默。每次我在演講中放入這個橋段時，絕對不會有人提主角的膚色，以免踩到種族歧視的界線。

在你被我折磨完、下台之後，我問了在場的人：「如果畫中的主角是你們客人的家屬，但他患有失智症，在你們大樓裡面走失了。為了趕緊找到他，你會如何向工作人員描述他的樣子？在緊急情況下，你應該就不會擔心說出冒犯的話，只要夠具體、夠清楚就好。」

由此可知，我們愈是對那些敏感議題小心翼翼，就愈容易做事綁手綁腳，等到情況變得尷尬，就愈會冒犯到他人。簡單說，不想要冒犯他人，反而會使自己變得更討人厭，因為人們會更加注意你欲言又止的樣子。

每個人都會有說錯話的時候，但不一定是無法挽回的；只要發自內心、帶著誠意解釋就可以了。其實，令人感到冒犯的不是文字，而是說話者的動機，包括那些自私或惡意的念頭。

因此，展現你（或你們單位）的同理心，願意嘗試、而不會迴避重要的討論，那麼，你就能順利穿越敏感議題的雷區。放心，你只會得罪到一些人；無知並不傷人，惡意才會。

無所作為才會壞事

每當我們在警局接受心肺復甦術以及急救訓練時，都會擔心沒有學到要訣。即便我們的訓練課程很完整，但還是會害怕做錯。教官會在一旁不斷提醒，心肺復甦術的使用對象是死者，因為他當下已經沒有呼吸心跳了。所以，那一刻無論你多麼擔心，都不會再犯更嚴重的錯誤了，哪怕你不小心壓斷他的肋骨，只要你設法讓他恢復呼吸心跳，就還有辦法補救。所以，就努力吧！沒有什麼好怕的……無所作為才可怕，不採取行動的話，他們就會喪命。

當你發現恐懼滲透到自己的決策過程中時，就需要重新審視情況，想想看最糟糕的情況會是什麼？

假設你為公司研發了新的美妝產品，但第一天上市就狀況百出，包括標價有錯、內容成分與標示不符。接下來最糟糕的情況是什麼？

首先，顧客會不開心，畢竟他們是花了錢的消費者。

接下來，你需要處理退款事實。

這當然會影響到公司本季的營收。

至於老闆會不會給你機會重振旗鼓？要看情況。

我們來談談，當你發現產品有瑕疵時，保持沉默會有多嚴重？

即使你不想面對，但顧客已經付了錢，也發現你的產品很糟糕。

他們找不到專責的客服人員，而公司也沒有換貨及其他補償方案。對於許多消費者來說，你的無心之過會被當成是詐騙，是為了打鐵趁熱、趁亂用劣質產品來撈一筆。

有些顧客會直接丟掉產品，然後暗自決定把你們公司當成拒絕往來戶。

有些人會上門要求退貨和退款。

許多人會在網路上留下憤怒的評論，而你公司的粉專也被網友出征。

只要你繼續保持沉默，就不會有顧客對你的產品或公司感到滿意，而你們的營收也會不斷下降。這時，你只能開發新客戶並希望他們沒看過網路上的負面評論，而你的競爭對手一定會落井下石搶走你的客源。公司的生意一落千丈，要恢復生機難上加難。

現在，我們來談談另一個情況：說出來會發生什麼事？也就是說，在問題出現的當下，與眾人溝通、設法解決。

你可以趕緊發布聲明，讓顧客知道你們的美妝產品有哪些瑕疵，並仔細告訴他們如何換貨或退款。

顧客當然還是不高興，畢竟他們對你的產品有所期待。他們要求退款是合理的。而網路上的負面評論也不會消失。

但至少，總會有網友欣賞你的誠實和解決問題的意願，會在評論中說點好話。這些好心的顧客永遠都在，也會再給你一次機會，畢竟人非聖賢，孰能無過。

本季的收入會受到影響，但你可以捲土重來，因為你公開坦承問題所在。你告訴消費者，造成大家的不便，你深感抱歉，會全力配合退款或換貨的事宜。你因此建立了消費者對你的信任感，更創造機會來吸引新顧客；只要能再推出優質的產品和提供更好的服務，你就能重新建立商譽。

從最壞的情況來看，你應該知道沉默或開口哪個有益了吧？

我會在一週內選一天承認自己的過錯、找機會捲土重來！

公開認錯不一定有效，但至少不要保持沉默，那只會繼續削弱他人的信任感和你的聲譽。採取行動代表你在乎，無所作為則顯得你漠不關心。

恐懼是真實的。

但勇氣也是。

作為一名警察，我常常感到恐懼，但我沒有放棄行動，因為我接受過嚴格的訓練，所以當其他人猶豫不決時，我知道該怎麼進行下一步。

辨識恐懼、貼上標籤，即使你害怕，也要採取適當的行動。

我從小就認為警察像超級英雄一樣，雖然不曾與他們互動過，但我知道他們讓世界變得更安全，心想長大後要和他們一樣。

成年後，我大部分的時間都穿著那套英雄制服，我可以向你保證，穿什麼不是重點，只要你認真工作，都可以成為英雄。

訓練項目

解決方法

第五章

以人為本，建立融洽的關係

在培訓的第一階段，我們找出問題的癥結：沉默會帶來嚴重的後果，而恐懼和壓力會阻礙有效溝通。

現在是時候進入第二階段的訓練：找出解決方法。

打破沉默很不容易，儘管我們害怕，但還是要說出來。

我們很容易以為溝通就是雕琢文字，並用巧妙的順序和語調來與人對話，正如為自己打造鮮明的外在形象、套上精美的服裝。但事實是，自信才是這項技能的重點，不一定要搭配華麗的詞藻。當然，品牌形象良好，人們才會更容易認識你的公司；正如行人會駐足欣賞亮眼的櫥窗，或是在滑手機時仔細欣賞好看的照片和精彩的影片。而要抓住觀眾的注意力，並讓對方接受到正確的訊息，一定要用以下三種技能：

1. 建立真實的融洽關係
2. 聆聽的超能力

3. 謹慎選擇用詞

幫助別人就是成就自己

作為一名警察，我已經不只一次去負責處理橋上的車禍，而這些事故都很嚴重。橋的存在為了讓民眾安全跨過難以跨越的鴻溝。當然，除非你是影集《正義前鋒》(The Dukes of Hazzard) 裡面的飛車高手，總是可以找到最完美的坡道飛越障礙。但我們普通人還是好好走過橋吧。

有了橋樑，我們就能安全地從一側走向另外一側。同樣的道理，想讓我們的訊息被聽見，就必須架起一座跨越壓力和恐懼的橋樑，而重點是以人為優先。

人質談判專家的主要工作就是建立融洽的關係。特警隊（SWAT）並不擔心與嫌犯的關係是否融洽，畢竟他們的專長是特種武器和戰術（Special Weapons and Tactics）。有些人應該是第一次發現這個縮寫詞的含意吧？

不管是身為談判專家或執行一般勤務，建立融洽關係都是我最重視的目標。我的工作就是在說服人們聽從我的指示，但要讓他們以為是自己做的決定。這聽起來好像是在操縱他人，如果我心懷不軌，確實會變成如此。然而，我是真心替對方著想，所以不得不用一點小心機。

技能是中性的，但使用的出發點會決定我們是英雄還是壞蛋。

單單為了賺錢而建立融洽關係，就是在操弄他人。就算成完成這筆交易，對方也會感覺被利用，下次就不會再跟你合作了。

建立融洽的關係，是為了設法理解客戶的需求、提供更好的服務，這樣他們才會不斷回購，並且幫你宣傳。因此：

有融洽的關係，生意就更容易做得起來。

我相信這個道理。人們都傾向於與自己喜歡、了解和信任的單位往來，這三點就是融洽關係的要件。附帶一提，融洽關係（rapport）在字典上的定義就是：「友善、和諧的關係，透過協議、同理心和相互理解來促進溝通。」

試想一下，面對艱難的抉擇時，要向誰求助？陌生人、你討厭的人或新手？

當然不是。

我們會去找熟識、意見可靠的老手。

那些成功走過你目前困境的人，你會更信任他們，更聽從他們的建議。

除了工作外，生活中我也得用上人質談判技巧。我的意思是，我和妻子每天得面對兩個青春期的女兒，但幸好我們夫妻倆有鋼鐵般的意志，更懂得如何與頑劣分子協商！

說真的，這在商業領域也適用。我們需要與客戶建立融洽的關係，了解團隊的成員，包括他們的需求和擔憂。

我們需要理解他們的動機，得學著用他們的語言來溝通。最重要的是，我們要用言語和行動來展示善意，並希望他們能成功。

因此，只要你主動設法幫助他人，融洽關係就可以自然而然地產生。你無法保證自己能永遠走在成功的道路上，但只要幫助他人獲得所需的事物，你就不會偏離正軌。

勵志演說家齊格勒（Zig Ziglar）說過：「幫助別人獲得他們想要的東西，就能得到生活中你想要的一切。」

這就是融洽關係！

但要留意，與人深入交往後，我們也得敞開心扉，適時傾聽他們的苦惱，這會是不小的負擔。

陪妳一起難過

在一個炎熱、潮濕的夏日午後，我接到巡警隊長的電話。他們在本地的游泳池裡救出一名昏迷不醒的小孩並送往醫院。隊長擔心，媒體會急著要報導令人遺憾的夏日災難。作為公關聯絡人，每當媒體蠢蠢欲動時，我就會接到電話。

我抵達醫院後，馬上去查看受害者的情況。我發現小女孩的媽媽也在急診室裡。在一堵玻璃牆後方，醫生和護理師正努力不懈地在搶救她七歲的女兒。我悄悄地問媽媽，現在情況怎麼樣了？

「她根本不想來游泳池，」她懊悔地說：「她覺得身體不舒服。是我要她來的。我以為只要到池子邊，她就會感覺好一點了。」媽媽一遍又一遍地重複。

我們交談了幾分鐘，然後醫生走出來，遺憾地說他們救不回她的小女兒。她立刻倒在我懷裡，痛哭流涕。我扶著她，任由她哭泣。我從未見過她，她也不認識眼前這個身穿制服的男人，但這並不重要，急診室裡她找不到一根浮木。

幾分鐘之後，醫生告訴她可以進去看女兒了。她立刻抬頭看著我，問我是否願意一起進去。我沒有拒絕的空間，於是我們一起進去病房。

但眼前的畫面令我措不及防：這個七歲的女孩躺在病床上，嘴裡有一根插管，但沒有連到其他儀器。這個細節非常突兀，畢竟我的工作就是要多留意異常的事物。大家至少在電視上都看過，呼吸管總是會連著某種儀器，但我眼前小女孩顯然用不到了。這畫面令人鼻酸。

病床周圍已拉上簾子，我站在裡面，看著媽媽不斷向女兒道歉：「不該叫妳去游泳池的。」她撫著女兒的頭髮，含著淚水唱了《你是我的陽光》。雖然我不是家屬，但我默默地留下來了。

我留下來是因為，我們在急診室交談的短短數分鐘內，已建立了融洽的關係。

我留下來是因為，我真正的身分是兩個女兒的父親，只是碰巧穿著警察制服謀生而已。

我留下來是因為，沒有其他人陪這位女士一起承受常人所無法體會的痛苦。

我留下來，拚命忍住不哭。

最終，小女孩的家屬趕到醫院。我把我的名片給了這位媽媽，告訴她如果有什麼需要幫忙的，請不要客氣，而我也會為她和她的家人祈禱。有時候，制服藏不了內心的脆弱。

幾天後，我有一個演講活動在鄰近的城鎮，而這個小女孩的告別式也在那裡舉行，時間就在我的演講結束後。這種巧合很玄。我跟妻子說我要去致意，她也想要一起去。這幾天以來，我一直在和她談論這場悲劇，兩人內心都覺得很沉重。

我不確定那位媽媽會不會認出沒有穿制服的我，但當我一進門，她深深地擁抱我。接著她趕緊告訴我，解剖後法醫才發現，其實她女兒心臟有嚴重的問題，所以不是淹死的，而是心臟突然停止跳動。

現在她才知道，為何那個早上她女兒會覺得不舒服。我提醒她，那天泳客中剛好有一名是護理師，事發當下她立刻跳進泳池救人，接著在池邊對女孩進行心肺復甦術。醫院距離泳池不到一公里，所以救護車在五分鐘內就趕到了。因此，這位媽媽無須為了帶女兒去游泳池而自責。沒有人知道她會突然心臟病發作，而眾人也都盡全力去搶救了。

告別式結束後，這位女士告訴我的妻子，她相信是上帝把我帶到那家醫院去陪伴她。她非常感激我的付出。最後大家相互擁抱，各自離開。

在醫院的那天，可說是我執法生涯中最難受的日子，但我知道那位媽媽更痛苦。

在情感宣洩的環境中，人與人可以很快地建立融洽關係。有時，你也會因此陷入他人的痛苦中，而承接這種情感是種沉重的負擔。但你能幫助對方、減輕他的痛苦，讓世界變得更美好，哪怕只有一瞬間。

希望你不必面對如此悲慘的事情以及受到創傷，哪怕它能幫你迅速建立融洽關係。

你是否會很討厭接到客訴的電話，認為那只是工作上要解決的問題，只是待辦清單中的新增事項？但也許，當對方發洩不滿時，可以多花幾分鐘聽聽看他們的說法，試著理解他們的煩惱。

無論是採用哪種方式，你都完成了工作。但只有一種能幫你建立融洽的關係。

安靜聆聽的力量

建立融洽關係的另一種方法是長期保持你的一致性。透過你每天的言行舉止，屬下會慢慢決定要信任你或是躲避你。

舉例來說，某天早上你看到同仁遲到、慌慌張張地進辦公室，還雙眼無神、一頭亂髮，這時你會斥責他嗎？或是稍後把時間管理課程的報名資訊寄給他？還是你會在他的辦公桌前停下來，和善地詢問對方一切都還好嗎？也許，他們只是需要有人提醒不要太晚睡。但，若他們遲到是因為在急診室陪伴親人一夜呢？

我們都希望合作夥伴能理解我們的感受，也期待他們在花時間聆聽後，能同理地給予幫助。

那天在小女孩出事的急診室，我什麼話也沒說，因為真的沒什麼好說的。

省事嗎？並不盡然。

輕鬆嗎？一點也不。

但安靜陪伴有帶來不同的效果嗎？絕對有！對於那位媽媽和我的人生皆是。

我來到醫院並留在現場，因此與那位女士建立了融洽的關係。我不必說話，只需聆聽就好。我鼓勵你多多嘗試這個方法。

身為人質談判專家、丈夫和父親，我可以向你保證……聆聽就是建立關技的秘訣！

第六章

傾聽就是一種超能力

在今日，能專心傾聽的人已經很少了，就像擁有超能力似的。雖然令人傷心，但卻是當前的現象。

聆聽的耐心之所以日益罕見，原因非常多。尤其是今日世界比以往任何時代都更加喧囂。寫這個章節時，我坐在一家咖啡店裡……店家播放音樂，顧客也在開口交談（幸好那些對話都很無聊）。一位櫃檯人員負責點餐，另一位則大聲呼喊外帶飲料的號碼。窗外傳來車子的引擎聲與喇叭聲，我還看到有個大學生騎著電動滑板車，而輪胎不時發出的尖銳聲響。對於像我這樣聽覺很敏銳的人來說，這些聲音真是太干擾了。

我喜歡熱鬧的場合，如果周遭的人談話很有趣，或是店家在播放我喜歡的歌曲，我就無法專心寫作。我會在心裡參與談話或跟著歌曲哼，所以我必須保持注意力。我是個天生的聆聽者，因此，在干擾較多的時候，一副好的降噪耳機就可以扭轉局面。

若說傾聽是一種超能力，那我要加入正義聯盟！作為在八〇年代長大的孩子，我是看著超人、神力女超人、蝙蝠俠的卡通和影片長大的。我小時候還擁有一件可愛的水行俠內衣，很可惜已經丟了（但現在應該也沒有人會想看我穿著它啦）。然而，我對於超級英雄的熱愛讓我明白，能力就是責任，是為了能幫助更多的人。

我就別坐在這裡哀嘆年華老去的事實。回到重點，培養傾聽的超能力，你就能在客戶眼中脫穎而出。想想看，如何幫助顧客、要提供哪些更好的服務？而我們又能得到哪些收穫。

依照警局的作業流程，若要增加負責人質談判的員警，會先從單位內部公開招募，而每次前來申請的同仁，都會令大家感到驚訝。通常有意願的都是公關部門的員警，畢竟談判者的說話技巧要夠好。然而，最優秀的談判者其實是出色的傾聽者。正如我前面提到的：「我會說服你去做我要你做的事情，但你會以為那是你自己做的決定。」許多人以為我這番話是在繞口令，但我真的可以讓人聽從我的建議，而且絕不用強迫或誘騙。我的秘訣是：好好聽他們說話。

他們想要什麼？
他們需要什麼？
我如何幫助他們？
他們的動機為何？
他們重視什麼？
他們不滿意什麼？

能弄清楚這些事項，就能讓對方聽從我的指令。這聽起來像是在操弄對方，但事實並非如此。再看一次這些問題的焦點，它們都與我無關。而唯一能回答這些問題的人，就是正在與我交談的對象。

作為談判者，我得達成三贏的局面：嫌犯贏了，因為他能安全地走出來，而警方也會顧及他法律上的權益；我贏了，因為我完成了份內的工作。其他在現場的員警也贏了，他們下班後能毫髮無損地回到家人身邊。

在業務往來或公司經營上，我們常把「客戶至上」或「員工的權益很重要」掛在嘴上，但如果沒有學會傾聽的藝術，對方就很難感受到你的用心。員工都會想聊聊工作上的挫敗或需求，也會期待公司有所變革，但如果管理者不想聽的話，那再多的檢討報告和改進方案都沒有用。公司的成敗不光是銷售，而是上下一起放慢腳步，聆聽彼此的需求，以達成雙贏的局面。

傾聽是一種超能力，而有些人就是天生有耐心又有專注力。但我認為只要接受訓練，人人都可以成為好的傾聽者！所以，不要只是聳聳肩、哀嘆自己不夠體貼，然後又回到充滿挫折感、沒有朋友的生活中。傾聽是一門可以培養的技能，而我會教你簡單的入門方法。

但是，照例醜話說在前頭。這不是什麼靈丹妙藥或應急之道，與任何技能一樣，你需要付諸努力才能有所收穫。想要成為一流的傾聽者，就跟著我的指示前進吧！

積極傾聽的六大技巧

大家都有聽過這個名詞，但可能沒有完全理解它。也許講師在解釋的時候，你們都沒有認真聽吧？（笑）這就是問題所在。學會積極傾聽的第一步，就是先好好聽溝通專家的話。

你準備好補課了嗎？拿起你的筆記本，記下我等等要談的重點。從字面上來講，積極傾聽就是在對方講話時保持專注。看起來好像很簡單，但如果真是如此，那每個人都是專家了。接下來，我會介紹具體而可供練習的技巧：

1. 眼神交流

與人面對面（或是進行視訊）時，第一步就是進行眼神交流。我是說認真的：將你的臉、最好是整個身體轉向前方，看著對方的眼睛。

在我執法生涯早期，我去求助於一名中隊長，他不是我的直屬上司，但有些問題只有他們有能力回答。我會沿著大廳走到他們的辦公室，每次我都會站在敞開的辦公室門前，看著他們低著頭打字。如果他們不抬頭，我就會用指關節笨拙地敲敲門框，同時說：「扣、扣。」我知道他們有看到我，只是沒有從電腦螢幕上抬起頭來。

每一次，他們都會揚起眉毛，目光不離開螢幕，一邊打字一邊說：「有什麼事嗎？」

「我有問題想請教。」我會說。

他們仍然一邊打字，一邊對我說：「問吧。」

我會詳細說明整個情況。

整段說完後，他們終於停止打字，用困惑的表情看著我，說：「等等，你剛剛說什麼？」

我沒在開玩笑。每次都是如此。

現在他們認真要聽了，我不得不將整件事再重述一遍。這真的很令人生氣，但我是菜鳥，只能無奈地把事情再說一遍。因為，對於聽者來說：

你不看我，就是沒有在認真聽。

這是你的第一個技巧：不看對方，就沒有在專心聽。人類的耳朵朝前是有原因的，是為了能專注於對方的說話內容，這一切都隱含在我們臉部的原始設計中！[1]

2. 微量鼓勵（minimal encourage）

眼睛加入對話後，積極傾聽的下一步就是給予微量鼓勵（諮商領域的術語），包括微笑、點頭，以及說出「好」、「我懂」、「然後呢」等等。基本上，這樣的交流包含口語、表情和動作，好讓對方繼續說話、表達想法。

最佳例證是我演講生涯早期的一次經歷。那次我受邀在某慈善機構的募款晚宴上發表二十分鐘的演講。我和妻子抵達時，發現我們是現場唯二的白人……這真是很有趣。輪到我發言時，我走上講台，講了大約五句話後，觀眾席上就傳來一聲「讚美主」。妻子後來說，我那時表情好像一副抽到大獎的樣子，而她心知肚明，這場演講我不可能只講二十分鐘了。四十分鐘後，我結束演說，沒有聽眾感到不耐（除了我的妻子）。你瞧，他們所給予的微量鼓勵，激勵了我的演說精神，我甚至還脫稿演出，以回應他們的正向態度。

我參與過多次當地的教會活動，那裡的教徒主要是黑人。從那些經驗中，我發現教會的活動就是一種對話，包括牧師和教徒的頻繁互動。我小時候待的那個教會很少有對話，牧師總是呆板地照既定流程講道，所以我們每週都在同樣的時間離去。參加黑人教會的活動後，我才發現講道應該是一場對話，等到所有人都有回應後才完成。沒有人確切知道那會是什麼時候；這是一門藝術，而不是科學。

因此，與員工或客戶交談時，不要被時間限制互動的範圍，而是要讓對話自然地延續下去。給予愈多的微量鼓勵，對方就會說得愈多，而彼此所產生的連結就愈多。畢竟，員工和客戶最需要的照顧，就是感覺自己的想法有人聽見。

3. 換句話說

聽到對方的談話內容後，我們通常會忙著構思要如何回應。我建議，不如發揮你的好奇心，花時間確認你接收到的訊息與對方的意圖是否一致。這麼一來，對方就會感受到你的用心，知道你真的在乎他們的需求，而不光只是想表達自己的意圖和想法。這時，信任感便開始建立起來了。

用另一種方式重述客戶說過的話，確認他想表達的意思，這就是進階的積極傾聽技巧。對方會覺得你有在專心聽他說話，並把他當成重要人士。

透過換句話說的技巧，對方也可以再次確認他剛剛說的話是否為本意。每當客戶說完一段話時，我會用一句話來總結他的意思，這時對方就加以糾正：「這不是真正的問題」或「我說的不是那個意思」。透過換句話說的技巧，客戶或員工也能了解他們剛剛說的話是否清楚，若有疑慮，也可再次用不同的方式來澄清。

再強調一遍，有效的溝通是對話，而不是獨白……所以這是是一門藝術，而不是科學。

4. 貼上情緒標籤

換句話說是積極傾聽的高階技巧，而情緒標籤就是終極密技！這招影響力極大，但也很危險。還記得我們前面討論過大腦蹺蹺板嗎？這種技術有助於平衡情緒與理性的落差。

首先，讓我們先來理解這背後的運作原理。

情緒標籤是基於腦科學。研究人員想知道大腦把感受轉化為語言時的流程。他們請受試者觀看會引發出各種情緒（恐懼、憤怒、悲傷）的圖片，然後透過磁振造影來觀察其大腦的反應。受試者看到圖片時，他們的杏仁核就會亮起。

杏仁核一般被稱為蜥蜴腦，是負責叫我們進行戰鬥、逃跑或僵住等反應的部位。我女兒在河裡翻船時會緊緊抓住樹，就是由這個部位發出的指令。它是大腦最原始的組織，負責保住你我的小命，但它不會產生任何想法，所以需要「再處理」。

研究人員發現，受試者觀看影像時，磁振造影中的杏仁核會亮起，並一直保持在這種狀態。此時，只要受試者說出自己的感受，杏仁核就會熄滅了。這個發現影響極大。也就是說，只要能準確表達情緒，這些感覺就會轉移到大腦的理性部分，進而解除戰鬥、逃跑或僵住的反應。

因此，只要幫他人辨識情緒，他的大腦運作部位就會從蜥蜴腦轉到理性腦，從求生反應轉到思考。標記出感受，蹺蹺板就會平衡了。

在現實生活中要如何做到這一點？原則很簡單，但執行起來不容易，一步都不能有誤。

從談判技巧來說，辨識情緒與換句話說可以搭配起來使用，所以在對方陳述過程時，你可以補充道：「你好像對此很生氣」或「看來你非常沮喪」。

這注意，這個方法有個微妙之處。你只是要認確你所察覺到的情緒，而不是告訴對方他「應該」有什麼感受，否則他會更加生氣。

因此，你可以說：「你感覺有點很生氣？」如果不是如此，對方也可以澄清：「不，我只是感到沮喪！」

這就對了！當他們幫自己的情緒貼上標籤，就會連帶關閉蜥蜴腦。他們出於本能的感受和反應一旦轉移到大腦的理性部分，蹺蹺板就會達到平衡了。[2]

5. 提出開放式問題

與人交談時，對方如果老是簡短地回應、丟下句點，你是否會有挫折感？家中有青少年的父母應該都懂。有時候，我的狗跟我講的話比我女兒還多。但是，為了避免我們坐在搖椅上還在感嘆這件事，不如想想辦法解決。重點在於，我們問問題的方法也許可以調整一下。

放學後，父母都會問孩子在學校過得如何，百分之九十九的答案應該都是「還好」。被潑冷水後，你不死心地繼續問：「今天心情好不好？」

「還可以。」

看來有進步了，他多說了一個字。但我們不是在做算術，而是要創造對話。重點在於，我們提出的問題太遜了，孩子也只能敷衍回答你。

試試看，改用這樣的方式開場：「今天有沒有令人開心的事情」或「老師對作業有什麼評語」。這些問題不能用「還好」來回答，他們得動腦想一下。

因此，不管是客戶或孩子，若他們的回覆沒有意義，別感到沮喪，提出更好的問題就可以了！

我最喜歡的下一個問題是「怎麼說呢」。如果我無意中問出爛問題，得到了兩個字的答覆，我總是會接著問下去。

例如，有天我問女兒：「今天過得如何？」她回答：「還好。」我就可以再接著問：「怎麼說呢？是不是有不開心的事？」只要不斷把問題串連下去，就可以讓他們開始思考更具體的答案。

提出開放式的問題、認真傾聽答案，便能解開客戶、同事甚至是頑固青少年的心防，進而了解他們的需求、動機以及價值觀，為他們解決問題或提供更好的協助。

6. 說出自己也有類似的經驗

這一點列在最後一項是有原因的。記住，除非對方覺得你真的關心他們的經歷，否則他不會在乎你做過哪些事。

我們常常太急著提出解決方案，深怕沒辦法及時給予協助。但如果沒有事先好好溝通，我們就會劃錯重點、解決不重要的問題。更危險的是，你一副急急忙忙的樣子，對方會覺得你在敷衍他們。這就是破壞融洽關係的元凶！

因此，與團隊成員對話時，要交替用上微量鼓勵、提出開放式問題、換句話說、貼上情緒標籤等技巧。之後他們會打開心防，你就能更恣意地提供解決辦法。建立起融洽關係後，對方也會樂於傾聽你的看法，因為你真心想幫助他們。

事實上，這六項技能不是大家習慣的溝通方式，而專心傾聽更是少見的美德。值得慶幸的是，這些技能都能透過後天的培養，只要不斷練習，就能更加熟練。人們都傾向於與自己喜歡、了解和信任的人做生意。因此，只要耐心聆聽對方的顧慮，你就可以建立令人信賴的關係。

當然，人們也會期望你能有所回應，這時你就得在明確和善意間取得平衡。接下來我將介紹相關的原則。

第七章

話說清楚
才能表達善意

我靠講話謀生。當了警察二十年，我憑自己的努力脫離許多險境。作為人質談判專家，我說服嫌犯繳械投降，用話語拯救無辜者的生命。作為公關專員，我讓大眾了解情況，安撫他們的恐懼，並促進警方和社區的正向關係。作為DARE（防制毒品濫用宣導教育）的教官，我每週都在課堂上教導小學生和中學生如何保護自己，有些學生把這些話牢記在心，有些學生則當成耳邊風（他們必須自己去承擔後果）。因此，我比大多數人更了解話語的力量。

瑞奇的案例：壞孩子的惡性循環

我對這種力量沒有任何疑問，以我朋友瑞奇為例。我第一次見到瑞奇時，他還是個四年級的學生。當時我是DARE的教官，負責五年級以及七年級的課程，這是我最喜歡的執法工作，因為它著重在預防而不是善後。再說一遍，沒有人會在順遂的時候報警，所以我們出現的場合，悲劇都已經發生了。擔任DARE的教官，我就能透過教育來防止悲劇發生。若我教得好，學生就能看到警徽所代表的意義，並感受到我的用心。當他們覺得我真心在乎他們的安危，就會聽進我所說的話。只要發自內心、明確地與成員進行溝通，組織管理就會更順暢，許多災難就能避免，而眾人也會更樂於來工作。

瑞奇的案例有點棘手。

我擔任DARE的教官時，會與許多五年級和七年級的學生有交流，而每次到校時，常常看到瑞奇坐在校長室門外等候。我總是早到，習慣在學生走進課堂前安頓好自己的身心，以準備教學。我喜歡看著學生們走進來，並一一向他們打招呼；否則看我手忙腳亂地在整理教材，他們反而會侷促不安。一些細微的舉動對於建立融洽關係有莫大的影響。

某一天，瑞奇還是老樣子坐在外面，等著要見校長。我看得出來他不開心，而我還沒到上課時間，於是坐到他身邊。當你坐在校長辦公室外面、等著被叫進去訓話時，最不想看到有個穿警察制服的人走過來。

每次到學校時，我都會忘記身上穿著制服；畢竟我每週至少有五天穿著它，而它對學生會有不同的意義。對我來說，這套服裝很不舒服，但我不得不穿；尤其是在潮濕的肯塔基州春天，藍色聚酯纖維很容易令人出汗。對一般大眾來說，我腰間掛著的手槍就像閃光燈一樣；當我經過時，他們的目光會在我的大腿和臉部間來回掃視。

那天，我一坐在瑞奇身邊，他便轉身背對著我。我沒有受影響，接著問他怎麼了？

「沒事。」他咕噥一聲，繼續低著頭，不再看我。

瑞奇不知道的是，有兩個女兒的我，早已習慣了毫無反應的青少年。還記得我之前說過的嗎？當你沒有得到滿意的答案時，請提出一個更好的問題。

瑞奇也不知道，每次我女兒說「沒事」時，背後都有等著被挖掘的心事。他希望我快走開，但他顯然不知道我的黏人功力有多強。瑞奇感到很沮喪，而我卻怡然自得，要從「沒事」這個答案中找出更多「心事」。

他想要句點我的問題，所以豎立高牆，而我準備突破他的心防。他才九歲，這個任務能有多困難?這可憐的孩子毫無勝算，他不知道我是訓練有素的溝通者。放馬過來吧!

當時的我並不知道，我們都不會以勝利者的姿態離開戰場。

一開始，他那句「沒事」沒嚇到我，所以我繼而提出更深入的問題。「今天發生了什麼事?」我問道，試圖緩和現場沉悶的氣氛。

「沒事。」瑞奇說。

天啊!這個孩子很會撐。我繼續對著他的後腦勺說:「如果沒有發生什麼事，你不會坐在這裡。校長室外面又不好玩!」

「我什麼都沒做!都是他們的問題!」他回答。

太好了!有一點進展了，這個回答不只有兩個字了!不過，校長的秘書顯然一直在偷聽我們的談話(他們總是知道學校裡發生的所有一切)，所以從辦公室裡加入我們的對話。

「他會來這裡，是因為他用頭去撞副校長的臉，她的眼睛都瘀青了。」

（善意提醒：如果你想每天到校長室報到，請找一些更無害的方法！）

瑞奇仍然沒有看我，現在我明白為什麼了。他以為我是來逮捕他的。平心而論，在肯塔基州襲擊教職員是重罪，但他只有九歲，逮捕應該不是最好的處理方式。幸好，很少人會對青少年提出刑事指控。所以，我改變了對話的策略。

「瑞奇，我不是來逮捕你的。我來這裡是要上五年級學生的課。算你好運，我還有一點時間可以打發，所以才坐在這裡跟你聊天。」

「我什麼都沒做，」瑞奇說：「那個賤人就是不肯放過我。」

從九歲孩子的口中聽到「賤人」實在令人驚訝，但我妻子當了二十多年的小學老師，也被幼稚園的孩子罵過，所以我知道瑞奇講的這句話還不是最難聽的。我選擇忽略它。他現在肯用完整的句子說話了，沒必要因為他的措辭不當而結束對話。

基本上，我們常常會因為感覺受到冒犯而結束對話。正如看到花朵而分心，以致從未深入森林。請記住：**對話要延續下去，最好讓他們以自己習慣的口吻說出口……而不是我想聽到的語句。**

由於對瑞奇的經歷有一些了解，所以我暫時忽略他不禮貌的語氣，先試著深入了解問題的核心。我請他看著我，他當然拒絕。我接著說，他不轉過頭來，我就不離開。

我猜他真的很想讓我離開，所以把臉慢慢轉過來，臉上露出極端不耐煩的表情。我直視著他那張好鬥的小臉，並釋出一點關心。我說：「瑞奇，你是個好孩子。」他翻了白眼，再次轉過頭去。我提醒他，他看向別處的時間愈長，我坐在他旁邊的時間就愈久。他回頭看了我一眼，這次他看著我的眼睛。

「瑞奇，你沒讓我說完。你是個好孩子，但總是做了錯誤的決定。我們想教你一些做好判斷的方法，這樣你就不會常常惹麻煩，而是會有更多時間在課堂上與朋友相處。」

他仍然皺著眉頭看我，但終於有在聽我說話了，於是我重複一遍：「你是個好孩子，瑞奇。」

他的眼裡不知不覺充滿了淚水，但很快就將目光移開。瑞奇抽泣著，說出一句我永遠不會忘記的話。

他彷彿在對自己說：「不，我不是。我不是個好孩子。如果你不相信我，就去問我媽媽吧。她會告訴你，我是個壞孩子。」

各位，答案揭曉！瑞奇之所以會來到校長室，是因為他相信別人對他的評論。

「棍棒和石頭也許能打斷我的骨頭，但言語永遠無法傷害我。」小時候長輩都這麼教導我們。我真想找到這句話的發明人，然後好好地請他跟我道歉。坦白說，我不曾被棍棒和石頭傷害過，但倒是被人言語刺傷了好幾次。

我打從心底相信，瑞奇會坐在校長室外面，是因為他相信自己是個壞孩子。他為什麼如此堅信不移？這年紀的孩子都相信有聖誕老人了！只要是爸媽的話，他們都會聽進去的，畢竟孩子都在期待父母的稱讚。

心理學家稱此為「自我實現預言」。我不是心理學家，但我很常在學生跟罪犯身上看到這種心態。根據《今日心理學》的說明：「自我實現的預言是一種信念，而它之所以會實現，是因為我們把它當真，並跟著它的指引去行事。」

我認為，瑞奇的言行會像壞孩子，是因為他最愛的人讓他相信自己並不好。所以他正在扮演那個角色，實現他所相信的未來，反正父母都這麼說了。一而再、再而三，他不相信自己能變好。在這世上，沒有人告訴瑞奇他是個好孩子，而他只能接受那些批評他的話，於是也不知不覺地踏上壞孩子的路。

用故事打造人際關係

棍棒和石頭確實會傷人，但言語的破壞力也不惶多讓，我們會依著他人的話語去塑造對自己的看法。一旦我們相信那些話，就會成為那樣的人，不論你是九歲或九十九歲都會因此受挫。

因此，我們要好好想想，開會時要跟同仁們說些什麼故事？

跟客戶談合作時，要說哪些故事來打動他們？

他們會相信我們的誠意嗎？

與我們互動時，他們也會對自己有信心嗎？

不論是團隊成員或客戶，都希望能與你有更多的互動。他們想成為成功故事中的重要角色，因此，你得見他們的潛能，相信他們有能力克服障礙、做出改變。我強烈推薦大家去讀唐納．米勒（Donald Miller）的《跟誰行銷都成交》（*Building a StoryBrand*）！唐納最了解故事的力量了。這個方法不但能應用在行銷、建立品牌和拉攏死忠的客戶，也能用來建立專業的團隊、凝聚正面的公司文化、召喚熱情的贊助者或培養家人的向心力。

我們每個人都有故事可說，而說出口的每句話語都會影響他人。因此我們應該用這項工具幫助人們建立正向的身分認同，使他們和這個世界變得更美好！

我不知道現在瑞奇過得如何。我希望有人跟他講更多更好的故事。我希望有人讓他知道，他有能力選擇自己的故事。

在你的團隊中，也一定會有像瑞奇這樣沒自信的孩子，而你的客戶或顧客也想知道你的過去和未來。花點心力，邀請他們成為你成功故事的要角。

好話清單

每個人心裡都有一張清單，明列自己絕不會說出口的話，尤其是你的老闆、老師和壞同學所說的難聽話，搞不好你還把它記在筆記本上。那麼，要不要改寫一張「我要多說的話」的清單呢？

比方說，多說一些正向的語句來鼓勵人們，並找出有價值的員工和客戶，邀請他們來參與你的成功故事。

為了實現美好的故事，必須多練習使用更正面的字詞。把這張能量清單貼在辦公桌的隔板上，每天早上工作前可以先在心裡默唸一遍（與難相處的同事開會前，可以再多唸三遍）。孩子過了十點還在滑手機時，你也可以先看一下這張紙條，再去找他談話。好好說話，因為它們具有強大的力量，所請先確定你使用了明確且友善的字眼。

每天在網路上都有事情可以吵，但你不一定要加入。假設有人在臉書上無端批評你的公司，這時不要馬上反擊，而是客氣地說：

沒有達到您的期望，我們感到很遺憾。我們很樂意聽取您的建議，看看下一次如何能做得更好？方便的話，請留下您的聯絡方式，讓我們打電話向您請教。

透過這樣的聲明，你已經向世人表明（畢竟網路無國界），你有誠意處理這樁客訴，而且願意親自致電洽談。

當然你也可以忽視這些奧客，但他人會以為你不在乎消費者的權益。因此，請對方留下聯絡方式，你就能在眾多網友面前展現你的誠意。這就是扳回一城的方法：讓對方知道你很在乎，讓網友知道你的度量。

不明確就是不友善

展開任務時，記得聽從內心的引領，並以明確的原則行事。比方說，當我知道接下的對話很敏感或有挑戰性時，就會想起理財專家拉姆齊（Dave Ramsey）的名言：「不明確就是不友善。」我真心想善待每個人，這是我的做人原則。遇到危險的情況，我也會衝出來大喊：趴下！良善是值得追求的目標，但如果言行不明確，就無法實現它。

比方說，與員工討論工作內容時，為他們設定明確的目標，就是一種善意。假如他們達不到公司的期望，讓他們為此負責，也是一種善意。我們希望看到他們成功，這對公司也有益。因此，給予他們明確的指示，就能幫助他們實現這個目標。

另一方面，與顧客或客戶交談時，明確地表達想法就更重要了。比方說，若你發現在死線前還無法完成任務，一定要盡快告訴對方，就算他們要轉交給其他單位完成，那也是由他們決定。從一開始就秉持誠意並設定明確的進度，就可以減少這種風險。但如果你說得含混不清，遇到困難也不提出來討論，最後延誤到對方的進度，那對方一定會找其他人來接手，甚至要你賠償損失。重要的事情要說三次：溝通、溝通、溝通；明確、明確、明確。這是做生意最友善的方式。

作為談判專家，與嫌犯或相關人士交涉時，我的表達方式必須非常明確。這並不容易，因為我擔心會把自己的想法植入他們的腦海中。例如，以前我在高樓上要勸回準備自殺的人，總會避免談到「生死」的話題。我會迂迴地問道：「先生，你是不是心情不好？」以此來緩和他的心情。但我不敢直白地問：「什麼事情讓你想死？」第一個問題比較友善，但沒有切入重點。其實，對於真正想死的人來說，一定有許多苦衷。所以，當你直接問他是不是要自殺，他應該會告訴你真心話，這時你才有繼續安撫他的機會。

單刀直入地問，你沒有什麼損失，還可以得到額外的訊息。明確才有希望，這方法我屢試不爽！

現在我們已經知道，在沒有建立融洽關係前，保持沉默是不友善的。我們也了解，為了克服有效溝通的障礙，一定要開啟重要的對話關鍵。該如何有效地做到這一點？在接下來的第三部分，我們將討論當前流行的溝通方式以及優缺點。

歡迎來到培訓的第三階段。

訓練項目

實戰技巧

第八章

面對面：眼神是最強大的交流

我打從心底相信，要與人進行重要的對話，面對面是最好的方式。我真希望我家裡那十七歲的孩子能接受這個事實。她所有事情都只想透過打字表達，像我這樣老派的人，真不明白現代人如何溝通。大家無法時常面對面交談，是有一定的苦衷，然而，我還是想介紹成功人士的溝通法。

簡單來說，他們會盡可能當面去處理各項事務，因為……

- 要傳達明確的訊息，關鍵除了說話的內容，還有表達的方式。
- 與人建立連結時，你能感覺自己被看見、被聽見。
- 建立融洽關係的最好方法就是分享經驗。

你必須問自己：「我想隨波逐流、跟大家一樣只在網路交談，還是想要成功？」

想想我們之前學到的東西：既然百分之九十三的訊息是透過語氣和非語言線索傳達出來，那麼要達成百分之百的完整度，就是面對面。依照我的經驗，某人說話的內容若與他的非語言線索不符，那後者會更接近於事實，因為說謊比較容易，而口氣、表情和姿勢都騙不了人。

在電影《蜘蛛人》中，主角若有不祥的預感，其「蜘蛛感知」就會發揮作用，這種能力我們一般人也有。大腦能偵測到談話者所說的話和表情並不一致。比方說，每次我叫女兒去倒垃圾，她就會翻著白眼說「好」，那我就知道她不喜歡這項差事。同樣地，在面對面的場合下，客戶、老闆或同仁也能感知到真實訊息。要如何解讀電子郵件裡出現的「我會再仔細思考一下」這句話，就端看收件者的心情。但透過語氣和眼神交流，你就能知道客戶是不屑、惱怒或真心要考慮你的提案。因此，為了讓其他人接收到你的非語言線索，最好面對面去談。[1]

與人連結的需求

近幾年來，視訊會議開始取代實體的會議與活動。對此我樂觀其成，因為視訊是僅次於面對面的最好溝通方式。視訊在二〇二〇年四月左右開始盛行起來，畢竟新冠疫情在全球蔓延，我們不得不尋找新的溝通方式。線上溝通平台的發展已行之有年，因此我在全球各地都有客戶，所以早在Zoom變得流行前，我就在使用了。

疫情爆發後，我還有點擔憂電信公司會負荷不了，畢竟有那麼多人要透過Zoom開會、上課甚至是開趴（最後一項不是我捏造的，人類總是找得到玩樂的管道）。

封城後，我們對於社交互動的需求更加明顯。我與青少年一起工作了二十年。二〇二〇年之前，我所認識的青少年都只喜歡沉溺在虛擬世界中，若有事不得不老派地打電話去處理時，就會非常生氣。同樣地，他們也不喜歡去櫃檯點餐，而是喜歡用自助結帳機，這樣就不用跟店員進行尷尬的對話。

世界愈虛擬，他們就覺得愈快樂，最好所有的日常事務都在線上進行就好。但疫情爆發後，虛擬世界成為他們唯一擁有的現實。他們被迫只能待家裡，跟他們討厭的家人共處一室。更糟的是，有些年輕人是獨自住在公寓裡。他們終於實現了住在虛擬世界的夢想，可惜它很快就變成一場噩夢。

作為極度外向的人，居家隔離真是地獄。（澄清一下，我不是指跟家人朝夕相處很痛苦。）那時，學校關閉，念大學的大女兒返家住了好幾個月，而我的妻子是小學老師，所以得在線上教課。我的小女兒當時在念高中，甚至不用離開床就可以上課！我很珍惜那些共處的時光：家人一起看電視、打電動、玩拼圖、在各自的房間裡傳訊息以及製作非常酷的抖音影片。這些都是我一輩子難忘的回憶！

問題是，我比一般人更需要社交互動，尤其是喜歡和家人一起散步。不過，這主要不是為了運動，而是為了進行小小的探險。比方說，我們一邊走，會一邊猜想哪位鄰居正坐在前廊上，又有誰在洗車，還有哪些外向的人也會出來散步？如果我在散步中看到你，絕對會上前跟你聊個兩句。我的狗因此不得不放棄散步，牠會躺在一旁，等我跟鄰居聊到天荒地老。老實跟大家說，我的辦公室就在我家客廳外的前廊上，所以我可以看到路過的每個人；如果看到熟人，我就會站起來用力揮手問候。我急著想與人攀談。我就像路霸一樣，要經過我家前面的話，就必須用聊天來抵過路費。看吧，我就是這麼熱愛與人互動！

事實上，在居家隔離期間，即使是內向的人也很難熬。每個人都躲在家裡大半年，除了同住的家人外，誰都見不到。如果可以跟其他人一起消磨時間，那一定是很棒的感覺！只要是新鮮的人事物，都可以填補靈魂因缺少社交互動而出現的空白。所以我們會在線上舉辦讀書會、品酒派對以及晚宴，甚至還會為居家工作設定「夏威夷主題日」，也就是跟眾多網友一起穿著人字拖和短褲，並以海灘畫面為視訊的背景。總之，我們都想與家人以外的人互動和交談！

我之前有提到，早在疫情之前，我就已經開始在線上舉行會議和演講。因此，我可以向你保證，線上會議的溝通效果僅次實體活動，只不過這第二名還看不到第一名的車尾燈就是了。

想想看，如果你一個月沒吃東西，這時我給你一塊餅乾，那對你而言，它將是有史以來最好吃的東西。你會細細品嘗，吃完後還會舔手指，然後告訴每個人你吃到的餅乾有多神奇。不是因為這塊餅乾有多特別，而是因為你餓壞了。

同樣的道理，視訊會議當然比完全沒有互動好得多！不過，當我再次於現場發表演說和參加會議時，才意識到，在實體空間面對面交談的效力有多強大。

令人傷心的是，寫這本書的時候，我聽到的評論卻不是如此。在某家咖啡館寫作時（本書能呈現在你面前，要拜各家咖啡館的馥列白所賜），我無意中聽到兩個二十出頭的女生在講話。其中一人說：「公司上週去佛羅里達參加會議，這真的好浪費時間喔！我的意思是，他們為什麼不直接舉行視訊會議就好？這完全是一樣的事啊！」

「不！這不一樣！」我想大聲反駁（但這是不禮貌的）。

後來我意識到，這不是她的錯。對她那個世代的人來說，線上溝通是最熟悉的方式。她不明白面對面交談的力量，因為她沒有經歷過。

真可惜啊！

用聊天換到的VIP座位

多年來，我很幸運能與許多不同的專業人員一同工作。二〇一九年，在疫情尚未大規模爆發前，我參與了在洛杉磯、聖地牙哥和田納西州的研討會。我還飛往印尼，幫助中小企業的負責人在海嘯後重建事業。我本來可以剪輯影片、在線上提供課程就好，這樣就可以節省很多搭飛機的時間。但我知道親臨現場的力量；比起盯著手機螢幕或視訊鏡頭說話，坐會議室與人面對面交談更好。

開會的價值不光是聽簡報，而是由它延伸而來的交流機會，包括眾人休息時間在走廊聊天、吃午餐時話家常或是結束一整天的會議後去喝一杯。這些互動無法出現在虛擬世界中，畢竟視訊會議結束時，眾人只能闔上筆記型電腦、回到現實生活中。但只要能親自到場，交流的機會就變多了，因為眾人都處在同一現場。

二〇一四年，我去欣賞鄉村歌手葛斯．布魯克斯（Garth Brooks）的演唱會，那時我更加體會到面對面的力量。我是布魯克斯的死忠粉絲，也常常推薦大家去聽他的演唱會。雖然他現在會舉辦電視或線上演唱會，但還是比不上欣賞他在現場所散播的能量。

我和妻子第一次去看葛斯的現場表演是在一九九八年，當時他來到肯塔基州萊辛頓的魯普體育館（Rupp Arena）。那場演出實在太精彩了，所以當他二〇一四年又回來時，我們就手刀馬上去搶票了。我們太常聊起九〇年代的那場演唱會，所以連我岳父母也決定加入我們。一開放入場我們就到了，距離正式演出時間還有一小時。不過，任何場合我都習慣早到，就連跟人約去喝咖啡也會早到十五分鐘。如果你也提前到，我還會有點生氣，因為你剝奪了我等待的樂趣（我又離題了）。

我們很快就找到在體育館上層的座位，那一區不會有人提早到的。對我來說，座位在哪裡並不重要，就算只能從巨型螢幕看到歌手與樂團，但只要現場的氣氛夠嗨，還是一樣能留下難忘的回憶。

我們坐定位後，看到一名身穿黑衣黑褲的男子大步走上樓梯。魯普體育館的上層座位區有點陡，走上來會有點費力，一不小心失去平衡的話，要翻個好幾圈才會跌到地板上。因此，當他邁步走上樓梯時，我開始發揮熱情、為他加油。「你快到了、你可以的！繼續前進！」他笑了，走到我們身邊時，還停下來喘口氣。最後他走到最頂端的聚光燈下，原來他是負責音響設備的人員。我開始跟他聊他的工作，明天他們就得拆掉這些東西，前往另一個城市重新搭建。這些後勤工作非常不容易，所以我很佩服巡迴演唱會的工作人員。

我的岳母是一位可愛的南方婦女，說話很直白，卻不會讓人感到被冒犯。如果她想說你變胖了，就會說：「親愛的，最近常常有人請你吃大餐喔！」你不會因此感到生氣。她就是這麼親切！十五分鐘後，她問我這位新認識的音響師朋友：「我想知道，底下那些座位怎麼空空的。」她指著樓下舞台前的座位。

他笑道：「算你們好運。來！這些票給你們，座位就對著舞台正中央的第二排。」於是他遞給我們四張票。

就這樣，我們從「流鼻血區」（nosebleed section，宛如爬到高山會流鼻血）來到了第二排！我們離舞台超近，當葛斯拿著礦泉水往台下灑時，我們都被淋濕了。這次我們不用再看巨型螢幕了。這真是太棒了，而且從我們第二排的新座位，居然看不到我們原來買的頂層區。

這類令人難忘的體驗不會發生在視訊會議和線上演講的世界中。這樣寶貴的回憶，都是因為我們與音響師有面對面的交談；我們來到現場，真誠地與他人有所交流。

演場會結束後我才得知，葛斯演唱會的前兩排門票是不開放購買的，是專門保留給那些曾經坐在流鼻血區的死忠粉絲。有些人買得起數千美元的前排座位，但他們不見得是葛斯的鐵粉。相反地，像我們這樣的市井小民若被升級到全場最好的座位，絕對會整場保持高昂的情緒，跟著音樂不斷搖擺、歌唱。我們與其他被升級的歌迷一起歡欣慶祝，而這種能量會感染到台上的歌手，最終全場觀眾都會受益。這種難得的體驗是從螢幕上感受不到的。

平均分配線上與實體參與的時間

在不斷膨脹的網路世界中，面對面的交流機會愈來愈少，請珍惜那些場合，畢竟有些東西是網路無法取代的。舉例來說：

- 路過卡卡圈坊（Krispy Kreme）時，看到剛出爐的甜甜圈是多麼地誘人，這是宅配的冷凍甜甜圈無法比擬的（讀者再次發現美國警察有多愛甜甜圈）。
- 透過視訊會議所建立的團隊，其信任感永遠也比不上相處過的同事。
- 在視訊會議中，成員的交流不夠自然，會後也無法一同在酒吧裡喝一杯。

因此，在安排行事曆時，請評估哪些活動線上參與就好，而重要的場合，則務必得親自出席。請記住，面對面才能獲得文字之外的交流，如果真的無法出席，至少可以用視訊來代替。

在社群媒體上貼文時，除了用文字讓顧客獲取詳細的資訊，還要加上影片，讓他們看到你的表情、感受你的熱忱，無論是歡慶周年活動或是努力研發新產品。正因如此，「六十秒連續短影片」(Reels) 和「限時動態」(Stories) 才會在IG和臉書上這麼風行。

透過視訊會議，當你提供建議時，客戶能聽到你的聲音、看到你的臉。看到他們的反應後，你就能確認對方是否理解；如果他們看起來很困惑，你也可以進一步詢問；當他們看起來心不在焉，你可以重新提問以引起他們的注意力。

同樣地，你也可以自拍短片來鼓舞員工的士氣，當他們看到你的眼神，就知道你有多麼在乎他們。相較之下，透過電子郵件發布的消息，反而很容易被員工忽略。拍短影音不用花太多心力，全神貫注錄個幾分鐘，便足以傳達感情。

多多參與現場活動，面對面與客戶和夥伴交談，一定就會有所回饋！

作為談判專家，我更加了解面對面溝通的力量，如果能當面跟嫌犯說話，我就更能掌握現場的狀況。但這並不總是可行的，除非我自願成為人質，所以我選擇用電話溝通。就算看不見彼此，聲音和語調還是會透露出許多訊息。

第九章

電話：聲音
最能傳遞感情

手機是我的一部分：不是擺在我面前，就是在我的手中或右邊的口袋（左邊口袋是鑰匙）。手機總在我觸手可及之處。這是個問題嗎？是。我在意嗎？不。手機讓我能與世界保持聯繫，對於像我這麼外向的人來說，它就像毒品一樣。我很想堅定地告訴你：手機乃身外之物，但我不想騙人就是了。

說到講電話，我指的是拿起手機你來我往地說話，就像面對面交談一樣。對於三十歲以下來的人說，這應該是老派又可愛的舉動吧。

作為專業的演講者和溝通顧問，我很常使用手機。坦白說，既然客戶想學習說話的技巧，那當然會想知道我如何陳述句子、表述情緒。我們都知道，有的人能寫出華麗或不留情面的電子郵件，但卻無法面對面地與人進行眼神交流，也無法用聽得到的音量說出長句子。有些事情僅靠文字是無法完成的。

告別的話最好當面說

無法面對面（到現場或視訊）與人溝通時，電話就是最佳選擇。講電話時，對方能聽出你語氣中的暗示。請記住，話語內容只包含了百分之七的訊息，語氣能透露百分之三十八的訊息，雖然看不到對方的表情與手勢，但百分之四十五總好過百分之七。

一九九九年，我首度擔任人質談判代表，當時電話是最好的溝通工具，我所有的任務都是靠它完成的。除了談話內容，我也從嫌犯的語氣和背景音聽到許多資訊。幸好，當時還沒有社群媒體，用手機傳簡訊也很困難（按四次「七」才能打出「S」）。確實，那是一個溝通管道更單純的時代，不過，溝通原則並不會隨著時間推移而有太大的變化。事態嚴重時，在第一時間就得獲取盡可能多的訊息。

這是很簡單的算術。哪種策略會帶來最多的回報？精打細算的老闆總是想要降低成本，包括簡化溝通過程，但這是因小失大。若員工搞錯訂單，公司就得額外付運費，若公司搞錯交貨的期限，就會被客戶罰錢。在最糟的情況下，你就會失去員工、客戶和公眾的信任。這些都是很嚴重的損失。談錢一點都不低俗，畢竟**有好溝通就有好生意**。

因此再次強調：無法面對面交談時，請打電話。

想想你人生中經歷過的重要對話。我敢打賭，你會記得那些事情，主要是因為你在談話中得到的感受，而不是對方所說的內容。美國詩人瑪雅・安吉羅（Maya Angelou）說過：「我深深體悟到，人們可能會忘記你說過的話，忘記你做過的事，但永遠不會忘記你帶給他們的感受。」

我保證，如果你來現場聽我的演講，一定會在過程中感受到一些語言以外的東西。這不是在操縱人心，也不是在玩弄你的情緒和感覺，而是為了讓你記住我想傳達的要點。當你對所學的內容產生情感時，就會記住它，效果比我在演講中重複強調還好。

大腦辨識情緒的方式之一是透過語氣。因此，說話時加強語氣，聽眾的大腦就會注意到你所說的內容；對方理解你言語背後的善意時，融洽關係就能建立起來。請記住這個正向的循環：

語氣傳達誠意，

誠意產生信任，

信任促成生意。

在幾個人生的重要時刻，我都是用電話來溝通。除了談判任務外，我還擔任公共事務科的組長，負責帶領其他同仁投入DARE和校園安全宣導工作。在領導這個團隊六年後，我的直屬主管退休了，而新任主管說服了長官，他認為「校園防治專員」應該隸屬少年警隊，而不是公共事務科。

在做出這個決定之前，沒有人來徵詢我的意見。

也沒有人在第一時間考慮我的生涯規劃。

我只是被叫到主管辦公室予以告知，而這項變動即刻生效並透過電子郵件發布到各處室，真是不浪費一分一秒。

帶領這個團隊六年後，我最不希望看到的事情就是，組員們是透過郵件才得知部門重組的消息。我請求長官，在電子郵件發出前，讓我親自告訴這些警官。局長同意了，人事公告會延後兩個小時才發出。

理論上，我得利用這段時間跑遍鎮上的五間學校，然後面對面跟駐校的警官解釋這一切。這是不可能做到的。於是我執行B計畫——打電話給每個人。

幸好，每位警官都是從我口中得知了這個消息。我無法改變這個決定，也無法給他們完整的解釋，畢竟長官沒有徵求過我的意見。當然我不同意他們的做法。然而，至少我可以掌握一件事，那便是與過去六年來合作的同仁維繫關係。

透過電話，他們可以聽出我有多難過，我在乎每位同仁的付出，也希望他們往後的工作一切順利，如果有任何需要，只要一通電話就能找到我。電子郵件或簡訊永遠無法產生這種效果，唯有語氣才能真正傳達我的心意。

而我也想讓他們聽見我的肺腑之言。

用電話告知面試結果

商業世界非常殘酷，你不僅必須在組織與相關領域中脫穎而出，還必須跟世界各地的同業競爭。要如何才能讓自己與眾不同？你必須願意撿起別人不願意做的事。

許多公司在招募人才時，會預先寫好制式的回覆信函，這只要幾分鐘就能完成。不過，若要吸引頂尖的人才，就不能這樣草草了事。

你不用親自打電話給每位求職者，但至少打給成績最好的前五位。對於那些有潛力、有機會面試通過的應徵者，不要光是用電郵聯絡，而是打電話告知公司的考量與期待，好讓他們留下深刻的印象。當今就業市場競爭非常激烈，這通電話會讓他們感覺到自己被重視，如果是公司內部徵選，那員工的向心力就會更強。

作為公關部門的組長，我也得負責面試駐校的宣導警官，每次有職缺釋出，都會有五六個警官前來申請。面試結束、組內確定了錄取人員後，我會一一打電話給提出申請的警官，告知他們結果，最後才向各處室公布錄取名單。

對大多數的應試員警來說，這些電話不會傳來好消息，畢竟職缺只有一個。我會先打電話給被刷掉的警官們，然後才打給幸運錄取的人。打這種電話是件苦差事（讓人失望不是件有趣的任務），幸好最後那通電話會有愉快的結果。每位提出申請的員警都值得尊重，我一一親口感謝他們，也提醒他們下一次的面試策略，最後也會告知是誰應徵上這個新職位。想要來我們團隊服務的員警非常多，因為在這裡會感覺到被重視，而這就是工作的最大動力。

我一生中接到許多有影響力和對我益的電話。作為人質談判專家，我也是用電話來拯救生命——聲音是有力量的。

直到網路興起後……

能力愈大，責任就愈大

用電話可以做很多好事，但它是一把雙面刃，也有可能破壞團隊的士氣和融洽關係。

智慧型手機如此方便而重要，所以它永遠都在我們身邊，但這也會模糊上下班的界線。透過智慧型手機，我們在任何時間、任何地點都能夠接收到與工作相關的電子郵件、群組訊息以及電話。

在疫情期間，我多麼渴望在加勒比海沙灘放空，但我想在那裡還是有網路訊號吧！別忘了，破壞融洽關係最快的方法，就是不尊重團隊的休息時間。

如果你在組織中擔任管理職務，就有責任尊重並保護團隊成員的下班時間。不管你多愛工作，都不能假設他們跟你一樣有空。

就算我下班人不在警局，如果主管打給我，我還是會接聽電話。我隨叫隨到，但「加班費」這個想法從來沒有出現在我腦海中。而且一旦我接起電話，我就不再是丈夫或父親了，大腦馬上切換到「哈維警官」模式，然後叫女兒們先不要說話，以便我可以處理工作上的情況，而那明明是我的家庭時間。

有時情況確實非常緊急，但大部分的問題都可以等到我上班時再解決。他們只是「想到就打個電話給我」，有事想「和我商量一下」或「聽聽我的意見」。這些都是慣老闆想交代工作的委婉說法，但我們總是不想計較，他們才有正當理由來打這些電話。老實說，我也對我帶領的下屬這麼做過。

這是管理上的疏失，雖然微小，但仍應該改進。

今日，科技已經進步到可以輕易修正這個問題。我的記憶力不好，但不是因為生病了，而是因為我容易分心，老是無法專心聽他人說話。有時我會適時地點點頭，或是說話來回應，然後在一瞬間，只要眼前閃過某個影子，我會就忘記他們剛才在討論的事情（或我回答了什麼）。

我也有意識到這個問題，所以善用科技來幫助自己。Siri成為我的私人助理後，我不會再忘記要在某時打電話給某人，我會告訴Siri：「提醒我在早上九點打電話給約翰，討論下個月的演講事宜。」然後，Siri這個出色的私人助理，就會把這件事加入我的行事曆。隔天早上八點四十五分，蘋果手錶會在我的手腕上輕觸提醒我：打電話給約翰的時間到了。這樣一來，我就不用在下班時間打擾約翰。

Siri的功能之強大，你甚至能用手機定位來做提醒。你可以告訴Siri：「我明天到辦公室時，提醒我打電話給雪莉。」第二天早上，當你開車到公司時，手機就會自動發出提醒。因此，我們不能再找藉口於下班後打電話給同事，而只為了交代一些雞毛蒜皮的小事。善用科技產品，就能尊重彼此的工作時間。

這麼做還有額外的好處。請Siri提醒你在隔天上班時做某些事後，你就可以回到下班的狀態。反正Siri會照料好一切，你也不必再記著這些細節。我可以變回丈夫、父親，在家裡的撲克牌之夜大殺四方——因為我也不應該在下班後工作。

為了進一步設立界限，我的智慧型手機在晚上十點半之後就會全部靜音。我是晨型人（這也許是初老症狀），所以很早就上床睡覺。如果你在半夜傳簡訊或私訊我，我在第二天早上醒來時才看得到。根據我的經驗，簡訊和社群媒體的通知很少有緊急狀況，所以，要讓我的手機在半夜發出聲音，你只能用老派的方法打電話給我。

電話是強大的工具。花五分鐘與某人開口對談是一種投資，你一定能因此獲得部分的信任和融洽關係。在正確的時間使用有效的策略，你想傳達的訊息才能被真正聽到。

第十章

文字的力量

你看過印刷機運作嗎？我喜歡觀看機械製造東西，特別是那些解說工廠生產線的紀錄片，或是改裝摩托車的實境節目。我也喜歡看「旅遊生活頻道」，上面有許多整修房屋的節目。我最愛看人修理和建造東西，尤其是他們行雲流水的技術。坦白說，家事DIY不是我的專長，我只懂得花錢請人來幫忙。妻子和我都結婚二十五年了，她還是以為我會修理東西，常叫我去看一看熱水器或馬桶的問題。但這可不是玩遊戲，水電方面的問題如果沒有正確處理，情況就會變得更糟（好，我又離題了）。

我們來談談活版印刷機：師傅仔細地將字母和標點符號的鉛字放入托盤中，確保每行間距正確，才開始啟動機器。這是一門失落的藝術。每當我坐在咖啡店裡用MacBook打字時，總是會感嘆這項技術已經沒落。有時我會懷念每天有報紙送來家門口的日子，因為翻閱報紙的觸感是滑手機無法比擬的。可惜現代人都用手機或電腦看新聞。紙本的報紙愈來愈少，但我希望它們不要消失。

你看，現在文字變得廉價，只要花個幾秒鐘，你就能創造和發送好幾則訊息。

在過去，電報和書信都要花個幾天才能收到。科技上每次的進步都要付出代價。想要文字呈現在書頁上，就必須仰賴人工把鉛字一一放置在托盤中，我向你保證，如此生產出來的印刷品更有價值。此外，師傅還必須確保墨水的黏度恰到好處，紙張送進機器時必須工整，印完後還得有充分的乾燥時間，紙面才不會有污跡。這個過程得花費大半天的時間，因此，文字的價值就增加了。想想看，這些內容在公開發表前，要靠多少人的眼睛去校對、檢查，工作人員要花上幾天、甚至幾週去思索、修改，最終才會把稿子送到印刷廠。

我想告訴你，文字在今日還是具有同等的價值，但問題是，大多數人都忘記了。當某些東西可以輕易地被生產和傳播，我們就不會賦予它們太多價值，無論是文字或是甜甜圈。但既然身處於文明社會，我們不應允許這種情況繼續惡化下去。讀到有意義的內容時，應該體會它們的價值；創造它們時，也必須理解到它們的影響力。

因此，我們應謹慎對待印刷品，它們大多是經由深思熟慮的專業人員生產出來的（如本書一樣）。它們有以下特點：

- 有各種詮釋。
- 會產生建設性或破壞性的影響。
- 會成為永久的紀錄。

文字一定會有被誤解的空間

印刷品的傳播方式比較有侷限，而且讀到的人也會無意中改變它們的含義。

不久前，我在機場候機時，無意中聽到了三個人的對話，他們應該是同事。我的聽覺比較敏銳，所以總是能在公共場合偷聽有趣的訊息，幸好科學家發明了AirPods Pro……那玩意兒的降噪效果真是太誇張了。但那天我沒有帶耳機，所以就浸潤在幾公尺外正在進行的對話中：

長髮女：你們有看到老闆寄來的電子郵件嗎？

眼鏡男：有，他看起來心情不錯。

短髮女：是嗎？我不大確定這一點。在郵件的最後，他說：「請繼續加油。」

這話是什麼意思？

眼鏡男：這就是滿意我們的表現。

長髮女：我也覺得有點可疑，也許老闆想挖苦我們。

短髮女：沒錯。他也許想表達我們還做得不夠好。

這段對話就這麼持續了二十分鐘，幸好他們只是在閒聊，不然這工作效率太差了，就連「請繼續加油」都可以討論個大半天。

我很樂意去那個單位上課！他們的討論方式很常見。在公司裡，大家最喜歡七嘴八舌地討論主管發信的真正目的，雖然沒什麼意義，但這太有趣了。

在第三章我們有提到，在某段談話中，語言文字所傳達的訊息只有百分之七。因此，印刷品內容可以解釋的空間就非常大了。

這難道意謂著印刷品該被淘汰？當然不是。你正在讀這本書、也習慣做筆記，這些事情都很有價值。我只是想提醒你，純文字不利於溝通，尤其是與尚未建立關係的人。

不過，只要與某人面對面交談的次數愈多，他們就愈能理解你字裡行間的意思。他們的大腦已經能掌握你的溝通方式，包括當中細微的差別。無論是你說的笑話、煩惱、看重或厭惡的事情，都能透過解讀語氣和肢體語言來理解，而這是純文字中看不到的。因此，愈了解某人各方面的特性，就愈能掌握對方所寫的意思。

我喜歡讀播客節目主持人所寫的書，因為我能在腦中用他們的聲音來讀這本書。同樣地，如果大家平常都有聊天的機會，彼此的大腦就會默默解讀聲音或語氣所傳達的訊息，而溝通不良的情況就會減少。

建設性或破壞性的影響

在培訓或演講活動結束後，我會請學員填google表單來做課後滿意度調查，其中有九成的評論都是正面的，這對我來說意義重大。聽到他們說，一起共度的學習時光很愉快，內容有益又鼓舞人心，我真的很高興。而他們所提供的建設性回饋，我也很重視。比方說，有些學員希望下次能聽到其他資訊，我就能依此補充講稿，讓課程更加豐富。

當然，我也會收到匿名的評論，而且大多是無端的批評。有一位匿名網友看了我在學校的演講，其內容長達一小時，主題是「網路停看聽」。我著重在青少年會遇到的三大問題：社群媒體焦慮、網路霸凌和色情簡訊。結果那位匿名網友指責我有性別和種族歧視（因為我的投影片中都是白人男性），還說這場演講很無聊，根本是在浪費大家的時間。不過那天我還收到其他數十條評論，說這是他們聽過最棒的一場演講，而且會後的Q&A非常有趣！然而，我只在意那一則負評，心情悶悶不樂，完全被那位匿名網友打敗了。

暢銷作家喬恩・阿考夫（Jon Acuff）是我的好友，他稱這種心情為「評論的算術」：一千則正面評論加一則負面評論，等於一則負面評論。我猜想，讀者的心理素質應該比我和喬恩更強大，所以我想你不會在意這個問題，是吧？

每天我們都會在網路上發表評論，哪些是有建設性的？你每天都會發電子郵件給同仁，請他們解決問題或執行計畫，但你有順便提到他們的好表現嗎？除了請款單和合約，我們偶爾也該寫一些感謝小卡，讓彼此的合作關係更有溫度。

看吧，我們的話語充滿力量！

在公司任何發言都要小心

我向你保證，你的同仁當中一定有人會收藏你寫給他們的東西，包括生日卡、紙條或電子郵件。原因有二：要嘛是非常珍惜，或是用來在你背後放冷箭。這聽起來很極端，不過我想在你的辦公室抽屜或電腦資料夾中，這兩種玩意兒都不少。

當然，我們無需關切同仁的電腦資料夾中有什麼。善用資源，多利用時間和精力建立正面的文化，將來一定會有回報。我們應該理解並珍惜文字所帶來的力量。

我喜歡文字，但它畢竟不是最清晰的溝通方式。如今，許多資料都已經數位化、放在雲端了。因此我要提醒你，留下文字紀錄時務必要謹慎。公司的電子郵件若不慎外流，連高階主管都恐怕得下台。許多私人簡訊現在都被當成爆料的題材了。文字交流如今已沒有什麼隱私了，就算你把交談內容設定為「私人談話」，只要一發出去，就會變成證據，想賴都賴不掉。

我要不厭其煩地說，你所發出的訊息可能會被競爭對手利用，或成為法庭攻防的證據。

有目的地使用文字

那麼，如何善用文字紀錄呢？特別是在溝通、設定計畫與策略這些方面，方法有三：

1. 擬定計畫和整理重點

雖然從文字很難看出語氣和意圖，但日期、截止期限和施行細節卻可以顯示得很清楚。列印出來更好，當你安排行程或活動時，可以發給工作同仁。人、時間和地點一定要清楚記下，尤其在舉辦促銷活動時，一定要讓消費者提前掌握資訊。除此之外，寄送重要文件時，日期和地址也要寫清楚，這時文字紀錄的重要性就凸顯出來了。

我前面提到，語氣和意圖很難從文字中看出來。所以當我寄電子郵件給新客戶時，會請他們設法空出十五分鐘給我，以便開個視訊會議或老派地通個電話。有些人不願意接受這個邀請，說他們「沒有時間」。事實上，電子郵件來往個三到五次，就已經超過半小時了。視訊或講電話可以節省時間，還能感受到彼此的語氣和表情，更有助於建立融洽關係，並減少溝通上的誤解。

掛斷電話後，我會寄給他們一封電子郵件，詳細記錄剛剛討論的內容。這封郵件有多個目的：

- **用自己的話重述剛剛討論的內容，以確保我有掌握到他們真正的意思（這也是積極傾聽的技巧之一）。**

- 列出接下來所需採取的行動步驟（並轉存到我的行事曆或其他管理工具）。
- 方便日後搜尋。電話錄音不方便又侵犯隱私（也許這在未來會變成日常對話的基本要求，但我也只能搖搖頭苦笑），以電子郵件留下紀錄，往後我只要搜尋郵件，就能想起上次通話的內容，並在下次對話前複習一下。

無論是安排行程還是留下電話紀錄，文字都能用來釐清和記住細節。

2. 傳遞給廣大的受眾

有時，立即與許多人溝通和交流是有意義的。我喜歡在課後發群組郵件給學員，也喜歡發電子報、新聞稿、更新網站和出版紙本書（我對書實在情有獨鍾）等等。你也可以試著公開傳播訊息，但要記得文字的侷限性。

首先，發新聞稿到社區的社團或群組，鄰居們就知道你在做什麼。比方說，你想籌組社區巡守隊、招募少棒隊成員或宣傳你的手做餅乾。只要花五分鐘的時間，你就能讓大家知道訊息。當然你也可以用來宣傳你公司的業務。

其次，定期發送電子報，客戶就能了解你的最新動態。請記住，沒有更新就不會有人理你。因此，要像對待團隊成員一樣，時時跟他們保持聯繫，以增進你們彼此的融洽關係。電子報的內容最忌諱洋洋灑灑一大篇，而是要切中要點，還要有趣。最重要的是，一定要附加彩蛋（若對方回信、加入會員或在社群網站上幫你按讚分享，則可以享受折扣、獲得免費贈品等）。總之，電子報是用來提供資訊和娛樂，並促進你跟客戶的融洽關係。

第三，善用群組郵件，以確保組織內的資訊透明公開。就像電子報一樣，這些內容不應冗長，因為同仁們都很忙！冗長的信件只會讓他們不讀不回。你可以簡要地稱讚幹勁十足的員工，並宣布某人升遷的好消息。此外，你還可以提出挑戰，比如本月業績能達標的同仁，下個月就能去五星級飯店住一晚。你也可以設計小遊戲，比如最早進辦公室的同仁可獲得免費的咖啡和甜甜圈。總之，發揮創意、享受樂趣，就能建立融洽的團隊關係！

一般來說，我都會在郵件的結尾寫上：「如果我還可以為你提供任何資訊，請不吝與我聯繫。」請注意，絕不要寫「如果你不清楚這封信的內容……」以免暗示對方的理解能力有問題。如果他們有什麼不清楚的地方，就試著用對方的角度去解釋。

郵件寄出前，一定要再檢查一下你的措辭。正如印刷師傅細心地編排字母和標點符號的鉛字，留下文字時，一定得非常謹慎。

3. 留下書面記錄

不管在組織內部，或是要與客戶溝通、建立關係，文字紀錄都很重要。

當然，我們沒辦法跟嫌犯用文字談判，不過，事後我們的確會整理出談判過程的書面記錄。可惜的是，跟警察打過交道的人，常常都會再犯類似的錯誤。我勸退過不少想自殺的人，但他們回家後，如果沒有得到足夠的社會資源與協助，還是會重蹈覆轍。整理書面記錄，就能在事後檢討團隊的危機處理方式，下次就能更快處理這個情況。

因此，公司在舉辦各項活動後，請在檢討會議上記錄以下重點：

有效的作法

無效的作法

下次要改進的事項

可以做得更好的項目

可以略過的步驟

大多數人都確信自己的記憶力很好（尤其是對於做錯的事情），但時間會令人淡忘一切，所以最好還是留下書面紀錄吧！

對內對外都用得上的文字紀錄

對於贊助者和股東，我們應該時常向他們更新近況，這樣才能建立和維護你們之間的信任感。報告內容應該包含公司的財務情況、發展計畫及相關數據；向他們呈報工作成果與目標是管理人的責任。

如果你是非營利組織或社區組織的執行長，在報告工作成果時，一定要避免只講枯燥乏味的事實和數據。我和家人會固定捐款給慈善機構，我們都想知道對方正在做什麼、遇到什麼問題，而我們又能幫上什麼忙。因此，一定要定期向你的贊助者說明工作成果，經由透明公開的資訊，你才能獲得對方的信任和支持。

只要是優秀的組織，就一定會保存員工的各項紀錄，包括年度考核、績效評估以及主管的建言。這些資料可以保護公司，以免被愛爆料的員工倒打一耙。除了追蹤員工的問題外，書面紀錄還有助於為客戶提供更好的服務。

我哥哥得經常出差。他最近去了一個陌生的城市，並選擇入住他熟悉的連鎖飯店。到櫃檯登記時，工作人員說：「哈維先生，很榮幸能再次為您服務。您應該非常喜歡我們家的巧克力餅乾，所以在它們被拿光前，我保留了幾塊在櫃檯。希望您能盡情地享用。」

我哥哥非常好奇，於是問：「你怎麼知道我喜歡巧克力餅乾？」工作人員笑著說：「不好意思，因為我們在您的會員資料中有看到這項偏好。」我哥哥幾個月前出差時，在同一家連鎖飯店的網站底下留言，說他最喜歡他們的餅乾。客服人員因此做了註記，等到他下次入住時，一定要為他保留餅乾。真是貼心！學起來！

網路這麼發達，全世界都能讀我們所寫的東西。那麼，我們應該秉持哪些書寫原則呢？夥伴們，上車吧！我們準備好進入社群媒體的虛擬空間了，當中許多規則都還在生成中。大家都還在探索，而且威脅無所不在！

第十一章

社群網站是一把雙面刃

坦白說，我愛社群媒體，它是專為像我這種外向的人而生的。我喜歡與人交流，再加上我自己創業，而社群媒體有助於我進行市場研究、接觸潛在客戶以及建立品牌。當然，我也不敢說自己沒有網路成癮的問題……

如果你的組織沒有官方網站或粉絲專頁，那趕快設法成立一個，網路熱潮不可能會再消退了。

我從Myspace就開始接觸社群媒體，一路走來也學到了許多事情。趨勢和潮流來來去去，社群平台興起又衰落，許多人因濫用社群媒體而毀掉自己的生活。對於如此強大的工具，一定要有原則地使用它。

社群媒體令人焦慮，不用也令人焦慮

在執法生涯中，我處理許多霸凌、騷擾、威脅和傳送色情訊息的案件，而且每週都有。青少年每天都在濫用這項科技，但他們很少意識到，這些舉動會嚴重損害他們的聲譽，甚至觸犯刑法。

我堅信，為人們提供更好的資訊，他們就有能力做出更好的選擇。因此，我才會到全國各地對數萬名中學生講解使用網路的規範、風險與責任。某次宣導結束後，一名十六歲的女孩淚流滿面地走到我面前說：「我真希望上個月能有人告訴我這件事。我已經把照片傳給他了，現在我不知道該怎麼辦。」這些話真是令我感到無比痛心。在另一間學校，我與一位青少年坐在辦公室面對面交談。他提到，某天回家後，他發現自己的弟弟自殺身亡，因為後者在網路上被霸凌了好一陣子。這種悲劇真的太多了！

這是我們的責任。有些家長在孩子很小的時候就給他們手機和平板電腦，但沒有陪同使用，任憑他們自己摸索網路世界。因此，3C成癮的問題，不能全推到孩子身上。

想一想，在現實生活中，重要的事情我們不會讓孩子自己去摸索。因此，我們教他們何時要說「請、謝謝、對不起」。我們教他們閱讀，看著他們升學、就業。我們教他們如何使用各種工具，以免割傷自己。我們教他們約會守則。他們考上駕照後，我們陪他們上路，並提醒路上可能會有的各種狀況。但我們卻沒有教他們在網路世界要為自己的發言負責。

其實，有些家長並沒有完全理解社群媒體，也還不知道它的影響力。我不認為這是故意的疏忽，只是對網路的了解不夠深刻。

我花了許多時間學習、使用社群媒體。而我與小女兒的某次談話，讓我更加理解網路世界的本質。

孩子還小的時候，身為小學老師的妻子和我一起為她們設定網路使用規則。不用說，她們對於這個決定並不是很開心。這些規則包括不准使用Snapchat（閱後即焚）。我常告訴家長，Snapchat是社群媒體的深水區，非常不安全，還會讓孩子形成錯誤的社交觀念。因為使用者會有種錯覺，認為自己發送的內容只會被交談對象看到，反正那則訊息很快就會消失。因此，孩子會以為那裡很安全，可以暢所欲言，於是開始發送一些危險的內容。但許多青少年都因此惹上麻煩。所以我不許女兒們使用Snapchat，而是得先在臉書或ＩＧ學習網路世界的規範。

結果，我們十五歲的女兒是她朋友圈中最後一個註冊Snapchat的人。我不會因此感到內疚。女兒老是跟我爭辯，說為什麼某某同學可以用，但只有她不行。而我總是回答：「我不是艾莉的爸爸，她不歸我管。但制定妳的規則是我的責任。」一般來說，談話就到此結束了，但某天晚上，她突然跟我吵個沒完。

那時她告訴我，她的朋友們都在Snapchat的群組發送照片、討論出遊計畫。她說：「她們敲定行程後，並不會用IG或臉書傳訊息通知我。於是，我就默默地被排擠了。」我不得不承認，她的擔憂是蠻有道理的。青少年的世界也挺殘酷的。

她流著淚說，她和一些朋友都很希望智慧型手機和社群媒體從世界上消失。我接著說，她可以考慮先停用自己的臉書帳號。就在那時，她說了令我也非常難過的話。

「爸爸，你不明白，」她說：「我們希望網路世界消失，是因為它們帶來了許多焦慮和壓力。但如果我們離開社群媒體，就再也不知道同學間發生什麼事了。」

最初，網路是種方便的工具，讓我們與老友聊天、分享好笑的貓咪影片。而今，它已經變成了青少年焦慮的源頭。他們在社群媒體的焦點下成長，每天都擔憂自己在網路上被排擠、沒有存在感。

我很慶幸自己在成長過程不用擔心這些事。女兒們不只一次說過，她們非常嫉妒上一代的孩子，因為我們總是在外面玩耍：騎著單車去冒險、搞得髒兮兮、打架（不痛不癢，隔天就握手言和了）。沒有人覺得應該要記錄這些事讓全世界看到。可以確定的是，那是個更單純的時代。

打破社群媒體的迷思

這一切與商業活動都有關係。這個世代的年輕人都是所謂的數位原住民，他們已經進入各大組織工作，甚至負責管理工作。但很多老員工不太理解網路世界，它每天都在變化，所以跟年輕同仁會有代溝。

因此，不夠了解社群媒體，你就會碰上許多麻煩。接下來我會談談三個重大的迷思以及相對應的真相，讓你在社群媒體的前線上有策略、有戰術。

迷思1：網路上有私人空間

有些人總單純地相信，在臉書上貼一小段免責聲明，就可以發表一些跟公司有關的言論。比如說：「這是我的個人專頁。這些觀點出自於我個人，並不代表我的公司。」這聽起來應該罩得住，對吧？我不是律師，但這段聲明聽起來還不賴。如果有人看到我的貼文而感到被冒犯，他們也只得承認，美國人有言論自由，沒有違法就好。

要是事情真有那麼簡單就好了。那小小的免責聲明毫無作用，無法保護你或你的組織；你在臉書上說錯話，就是會造成負面影響，因為全世界都看得到。不管你對網友設定的瀏覽權限有多嚴格，總是會被有心人截圖或傳播，導致你在工作中惹上麻煩。

真相1：網路上只有公事

每個人都有這種經驗，看到你的客戶或合作對象在自己的臉書上偷偷罵你，但那些問題他們卻不曾跟你當面提過。你難免會覺得他們是雙面人，並考慮不要再相信他們說的話，往後也不再信任對方。

在警局工作時，我們有一份長達五頁的社群媒體政策，濃縮起來的大意是：「你下班後在社群媒體所發表的內容若有不當，便會受到懲處。」這不會對我造成困擾，我也不會因此辭職去其他單位工作。老實說，我喜歡這項政策，因為我不想擔心其他員警在網路上說我壞話。而且我們都穿一樣的制服，網友看到貼文後，可能會以為所有警察都像評批者說得那麼糟。身為警察，我們得尊重這套制服，更不可增加其他同仁執勤時的風險。

你在公司也不例外。我們多少都會與要好的同事互加臉書或IG，以增進彼此的情誼。我們會在下班後互傳訊息，看到彼此的家庭活動或評論。因此，不管是領導者、老闆或員工，都要留意自己在社群媒體上的發言。

尤其是領導者，你就是公司形象的最佳代言人，你與公司和員工的關係密不可分。如果你在社群媒體上發表不專業的評論，客戶對你的信任就會減低。你當然可以有自己的觀點與意見，但記得要尊重他人，更不可造謠或傳播假消息。網友們都在看著你，請好好經營自己的人設！

對員工來說，你得尊重雇主對你的信任以及你自己的專業。你在網路上的發言會影響客戶對你公司的看法，也會改變員工的士氣。

舉例來說，我的同事約翰老是在網路上抱怨同事的個性以行為，結果愈來愈多人去關注他的發言。如果我發現自己就是他抱怨的對象之一，我就不會想和他一起工作，更不會跟他培養感情。雖然他在工作場合的態度還算友善，但我就會提防他、留意他的一言一行，並導致我無法專心工作。這種分心會減低我的工作效率，並間接地影響我的生活與人際關係。由此可知，社群帳號雖然是你個人的，但你的發言還是會滲進工作場合。

另一方面，你倒是可以用社群媒體來宣傳公司的正面價值，比如展現團隊的工作成果、公司制度的完善以及同事們的熱情。所有人都會因此受益。若有高手發現你的公司不錯而前來應徵，那你就賺到一個好同事了！

迷思2：社群媒體＝免費廣告平台

如今，公司行號都得透過社群媒體來跟顧客交流。你們得成立粉絲專頁，並聘請專業的行銷專員或小編來管理。在粉專常貼廣告文，客戶對你們的產品與服務就會更了解，也更願意和你們保持合作關係，甚至還會替你宣傳！

真相2：社群媒體是建立融洽關係的橋樑

可惜的是，大多數人上社群媒體不是為了買東西或尋找服務，而是為了跟其他人有所互動。你的粉絲專頁也屬於這個社群，所以不能只是用來推銷產品。網友喜歡看到有趣、有知識或有價值的貼文。等到他們想買東西或尋求服務時，就會受到這些貼文所影響。

我在前面提到，融洽關係能促進商業上的合作關係，因為我們都喜歡與熟識、有好感和信任感的單位做生意。社群媒體有助於發展這種融洽關係。沉默會破壞融洽的感覺，所以在經營社群媒體時，無需太過低調，而是要適時發文並與網友友善互動，進而建立公司的好形象。

因此，在挑選負責社群媒體的專員時，一定要選擇頭腦清楚、熟悉網路生態的人。有些人手上的社群帳號很多，貼文時還會忘了切換帳號，甚至用個人帳號去回應顧客的提問。我也犯過這樣的錯。大女兒是高中排球校隊的一員，有天晚上贏球後，我開心地馬上發文慶賀「東區校隊打下關鍵性的一役」——結果是我們警局的粉專出現這則貼文。民眾應該會感到很困惑，為何警局要支持東區校隊而不是西區。我趕快刪除這條貼文，也幸好這不是多重大的消息。

回到二〇一二年，在美國總統辯論期間，家電公司KitchenAid於他們的推特發了以下推文：

連歐巴馬的阿嬤都知道結果會很悲慘！所以她在他當選總統的三天前就死了。

KitchenAid很快就刪除這條推文，並且多次公開道歉，後續處理得很好。其高階主管辛西婭．索萊達（Cynthia Soledad）表示，他們有一名員工本來要用個人的帳號發布這則推文，但卻不小心切換成了公司的帳號。

意外難免會發生，KitchenAid也充分地表達歉意。然而，我所不了解的是，公司怎麼會挑選這麼粗心又不厚道的人來管理官方的社群帳號。

因此，挑選社群網站的小編時，要留意他們平常在網路上的發言習慣。不然，就會有作家在寫書時把你犯的錯當成行銷上的負面教材。

官方帳號的管理權要交給誰？以下是可以參考的做法：

- 聘請專業、有經驗的網路社群管理者。
- 上社群網站看看應徵者的公開發言，以防他們將來會破壞公司的聲譽。

- 新任的社群小編在發布貼文、回應客訴前，主管要再次確認。

迷思3：人人都了解社群媒體

前面我提到，許多青少年在接觸網路時，家長都沒有教導相關的使用規範。同樣地，你的員工也可能跟這些學生一樣，不了解社群媒體的連鎖效應與影響力。

我們都希望，同仁在網路發言時懂得尊重他人；不管是使用電子郵件、IG或臉書，都要秉持著跟現實生活一樣的做人原則。員工在網路上的言論多少會影響到他們的工作狀況。這一點非常重要，所以要定時對此進行教育訓練。

真相3：網路沒有隱私

十二年來，我一直在教導青少年：網路上不存在隱私這樣的東西，就像獨角獸，只存在於神話中。

我有兩個女兒，在她們還小的時候，我也講過許多獨角獸的故事，陪她們看了許多獨角獸的卡通。然而，大家都知道牠們不是真實的動物，只是人們的幻想。

網路隱私就像獨角獸，關於牠的傳說和故事很多，多到孩子們都以為牠是真的。網路公司也一再強調尊重使用者的隱私。但事實上，我們在網路上發布的任何內容（臉書貼文、電子郵件、通訊軟體訊息等），都有可能被他人看到或截圖。

領導者得設法協調組織、讓同仁達成共識，不管他們的世代、教育程度和背景有多少落差。因此，你應該為全體員工制定使用社群網站的守則，包括其網路發言不得影響到工作內容及公司聲譽。這聽起來有點嚴厲，但請記住，「不明確就是不友善」。

許多組織都有頒布清楚的網路使用守則，多多去參考，並依你公司的狀況去修正和調整。你可以考慮以下具體情況：

- 員工可以發布自己所拍的公司照片嗎？或只能分享自公司的官方網站？
- 哪些事項是公司機密，因此禁止拍照或發文討論？

- 員工可否在個人網頁談論公司的計畫、客戶或同事？
- 對於員工、客戶、顧客或供應商，哪些言行是明顯的辱罵或騷擾？
- 即使員工已經下班了，他們哪些發文會傷害公司和影響其工作？
- 員工在上班時使用社群媒體有哪些好處和壞處？

明確訂出規則，讓你的成員在上網時有所依據。如果他們不喜歡這些政策，他們可以在開會時提出異議，或乾脆離開公司。但根據我的經驗，只要規定清楚而公平，大多數的員工都會學著接受。

到目前為止，我們已經看到社群媒體的優點與影響力，包括它能促進我們與客戶的關係。現在，請發揮創意實驗看看，它一定能給你帶來驚喜及樂趣！你也可以參考各大企業的官方帳號，看看他們如何獲得消費者的信賴與愛戴。

當然，經營品牌、與客戶互動的方式還很多，接下來我們會一一介紹。

第十二章

在網路世界以外尋求突圍的機會

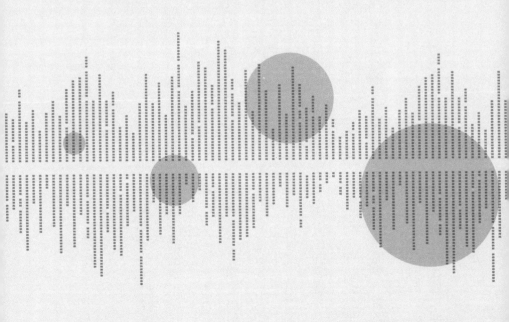

組織管理得好，同仁工作努力，那營運就會上軌道了吧？問題在於，世人不知道你們的努力，因為你沒有在重要的管道宣傳。

在社群媒體拚聲量是每個人都知道的必要功課，我也不例外。但社群媒體變化無常，演算法每天都在改變，哪怕你有成千上萬名的粉絲，貼文的觸擊率還是愈來愈低。

社群媒體是商業平台，他們在商言商，只是沒有明確掛在嘴上，畢竟用戶都是免費註冊的。簡單說，這是付費遊戲，只是付錢的不是用戶，而是像我們這樣的商務人士；只要付費宣傳，就會有更多人看到我們的貼文。當然得付錢，但除了社群媒體，我們還得試著找出更多支持自己的人，包括那些從不使用社群媒體的人。

那麼，如何吸引到更廣大的受眾？如何告訴更多人你的能耐、如何幫助他們？只需想想，除了「社群」，我們還有「媒體」。傳統媒體已有數百年歷史：報紙、廣播和電視都還在找尋各式各樣的題材和故事，對大眾還有潛在的影響力。

接下來，我們將討論其他的宣傳管道。有些媒體對社區民眾有效，如果你是房地產或保險經紀人，那就是你應該加強宣傳的地方。因此，我將說明各種傳統媒體的潛力。

與地方媒體打好關係

有些人對媒體有改變不了的偏見：「我討厭報紙和電視台，他們只喜歡報導負面消息。他們總是會斷章取義，還會當狗仔隊。我根本不信任他們。」許多媒體的評價的確很差，我也抱怨過很多次。主流媒體的生態很差，常常只在乎流量跟收視率，但地方新聞跟社區的報紙就不一樣了。

社區的電台或報紙是由在地人發起的。他們有些人是無償做這份工作，跟你一樣有想法、有誠意。這是改變遊戲規則的關鍵，因為他們站在你這邊！他們希望在地的商家能有所成長。這些地方記者跟你一樣厭倦了負面、八卦的新聞！他們想要報導正面的故事。當然他們還是會把版面留給重大消息，但民眾還是會關心地方的發展。

那麼，該如何爭取曝光？讓他們報導我們的故事呢？

當然，我們無法控制哪些新聞會被報導，選題是他們的工作，而我們的任務是告訴他們一個好故事。所以我們在發出新聞稿時，要再三確認內容。不管是公司獲獎、同仁扶老太太過馬路、準備舉辦大型促銷活動、計畫大舉徵才、推出有創意的產品，通通可以寫進新聞稿中。

你發出的新聞稿夠特別，他們就會報導你的故事。記得，有發就有機會；他們很忙，也很需要各式各樣的新聞，尤其是特殊的人物或事件。最重要的是，如果他們對你的組織感興趣，你就得到免費的宣傳了！

就像社群媒體的作用，新聞台的報導一出來，民眾就會開始口耳相傳。他們會幫你宣傳，畢竟你是地方之光，大家會覺得與有榮焉。只要民眾對你的好感度增加，將來你就更有犯錯的空間。

我在警局工作時，每週都會發布新聞稿，但不一定會被報導。我們想讓大眾了解警方正在做的事情，這些事項大多不有趣，但我們有義務告知大眾。媒體的選題方向總令我吃驚，有些小故事非常轟動，但有些重大措施卻沒被報導。總之，我們得按時提供內容並與媒體建立關係。

我總是將地方媒體視為合作夥伴。根本上，我們有相同的目標——讓在地民眾了解情況。當然，重大而有爭議的事件一定會被報導，如果事涉警方，那我們得成為第一個做出說明的單位……特別是在犯錯的時候。這不是在帶風向、而是在止血；承認錯誤、勇於道歉，我們才能繼續前進。

花時間與地方媒體建立關係有很多好處。讓記者多認識你、多了解你的公司，他們在報出與你有關的新聞前，就會先與你聯繫，讓你有機會先聲奪人。要討論熱門話題時，媒體總會先去找熟悉的人。

坦白說，在擔任警局的公關聯絡人時，我確實去跟媒體討過人情；我會打電話給合作多次的記者，請他們寫相關的報導。但我多年來一直與媒體保持聯繫，才能偶爾用這個特權。

根據我的經驗，只要你能提供豐富而具體的消息，媒體就會喜歡你，因為你讓他們的工作變輕鬆。他們不會每次都報導，但維護良好關係對他們也有好處。

我們還邀請了一位地方電視台的記者來當義警，他可以帶相機來記錄我們值勤的過程。他參與了十二堂訓練課程，包括執勤時的各項細節。他們演練的項目有：攔查車輛、進入建築物尋找嫌犯與綁匪談判等。我們還帶他去射擊場打靶。課程結束後，地方電台據此製作了一系列報導，而我們警局因此得到許多正面的回饋。

那位記者後來轉職到明尼蘇達州的另一個電視台，但我們仍是好朋友。這就是與媒體合作的好處，只要你提出好點子，就有機會上新聞。

地方媒體應該對你們公司的辦公室日常不感興趣，所以你可以試試以下題材：

- 紀念活動：獲得政府表揚或是公司的三十周年慶。
- 推出新產品：可寄送樣品給各大媒體。
- 社區營造：非營利組織舉辦募款活動或展開社區工作計畫時。
- 慈善活動：如果你的公司贊助了慈善活動，請與相關的組織合作，一同請媒體來宣傳。

- 公益服務：你的公司提供了五百份待用餐、送文具組給弱勢家庭的小學生或是參加淨灘活動。
- 提升社會影響力：公司擴大徵才、增加實習名額、將部分盈餘用於服務老人或資助貧寒青少年。

地方媒體非常關心你在社區的形象與影響力，因此，最好與他們打好關係，讓他們了解你正在奮鬥的方向。

製作播客節目

播客的傳播力很強大、但常常被忽視。如果你喜歡看書，那也應該常收聽播客節目。你渴望獲得新知，而許多播客節目是免費的。你也可以用很陽春的方式製作節目：平價的麥克風、免費的剪輯軟體（如蘋果電腦上的GarageBand）以及收費低廉的。你最大的支出只有時間而已，當然你也可以請人幫你製作。

播客的製作成本不高，而且會持續流行下去。在美國，有超過一億四千四百萬人在收聽播客，而且平均每週花六小時三十七分鐘收聽！如果其中有三十分鐘是收聽你的節目，那你就賺到了。

順帶一提，想讓你的客戶得到資訊，這種方式最親切了。我們前面談到，講電話最能傳達感情了，因為聲音是非常有感染力的。談話時，話語只能傳達百分之七的訊息，而百分之三十八的訊息是透過語氣和抑揚頓挫傳遞出來的。你的聲音若能在聽眾耳朵裡持續三十分鐘，你們的關係一定會更深刻，他也會更加信任你。這是一座無形的橋樑。人們不一定有耐心觀看三十分鐘的 YouTube 影片，也不會花三十分鐘閱讀你公司的電子報，但會在開車或健身時聽你講三十分鐘的話。他們在你身上的注意力是非常有價值的。

播客節目最能展現你專業的一面；你可以深入淺出提供知識和資訊，並談論你的專長。人們會與他們喜歡、了解和信任的人做生意，如果他們常常聽你的節目，用不了多久，就會想得知你賣的產品或提供的服務。

除此之外，大家也常常忽略，製作播客節目是建立人際網絡的好機會。邀請對方上節目，你們就能建立合作關係，而聽到你們的對話與互動，聽眾對你的信任感也會提升。讓你的聽眾認識不同領域的專家，而這些專家也會邀請你上他的節目。在我的播客節目「哈維之言」（Speaking of Harvey Podcast）中，我邀請過許多來賓來上節目，包括商業顧問瑞文斯克拉夫特（Cliff Ravenscraft）、知名演說家普佛（Clint Pulver）、演說教練鮑德溫（Grant Baldwin）、暢銷作家高因斯（Jeff Goins）、健身教練蘿塞爾、減肥達人索妮亞．瓊斯（Sonya Jones）等。在邀請他們上節目前，我不一定認識他們，但後來都變成我的朋友了。我與他們分享了我的經驗，也從他們身上學到東西，這過程只要三十分鐘。

想想看，你可以聯繫誰來上節目？他們能提供哪些內容？你又想去上哪些人的節目？你可以多找人分享他們的成功故事。透過在你現階段的工作，找出適合製作播客節目的題材，慢慢地在聽眾心中建立行家的形象。

寫書

對著麥克風說話不是你的興趣嗎？那若是寫本書呢？這能為你的生意帶來什麼益處？這本書我構想了五年，修修改改了許多次。我很喜歡在舞台上演講、為各種組織培訓成員，但都沒有留下文字紀錄。而寫了這本書後，我不用離開家門，便能分享有價值的內容給大家，你也能按照自己的步調學習。總之，我們雙方都受益。

這本書也會幫我吸引更多合作夥伴。我在這個領域中也會有所成長。不管是做研究、寫東西或收集故事，我各方面的技巧都會更加精進！寫本書有許多好處，值得你認真投入看看。

短影音的魅力

也許你沒有耐心寫書，或是沒有心力製作播客節目，的確，這些事情不見得適合所有人。我鼓勵你找到屬於自己的方式與員工或客戶溝通，進而獲得關注。

閱讀這本書的同時，你也可以拿起手機拍個三十秒的短片，談一談這本書的內容，讓你的客戶留下深刻的印象。你可以這麼說：「嗨！馬克，你遇到的問題，我已經找到了答案！安排個時間，我們當面聊一下，我會為你解說更多細節，更妥善地為你提供服務。期待你的回應！」

這動作不花你一毛錢。

下次你要寄電子郵件鼓勵同仁的辛勞時，也可以傳送一段影片，讚美一下那些表現優異的人。當然，你也可以藉機鼓勵一下面臨低潮的成員，希望他們能重新振作起來。他們一定能感受到你的關心，這的確比文字更有力一些。花二分鐘錄製三十秒的影片，就能產生截然不同的結果。

溝通方式有無限可能，其影響力也各不相同。

如今我們收到太多垃圾郵件，所以文字訊息很容易被淹沒在信件匣中，而同仁若能收到主管寄來的短片，就會感到自己受到關注和重視。客戶也可以藉此看到我的表情、聽到我的語氣。透過我的眼神，他們能感受到我對問題的關切以及想解決問題的決心。

這是一種近距離的接觸，既真實，又有你個人的特色，又能給對方驚喜。

看完這本書後，你也可以追蹤我的臉書專頁：

https://www.facebook.com/spea-kerscottharvey

你也可以寄影片訊息給我，告訴我你的收穫。

期待你的回音！

在當今訊息紛雜的世界，想要克服溝通的障礙、建立真誠而融洽的關係，就要打破沉默，並選擇最好的方法讓你的聲音被聽到。

它更像是一門藝術，而不是一門科學，也沒有保證成功的公式。

在工作上，你一定會犯錯，但也能用溝通來解決問題。不管是團隊成員或客戶，都會看到你的努力。他們知道你在乎他們，因為你願意打破沉默、出面解決問題。

這並不容易，但非常值得；風險大，收獲也大。

接下來，我們會進入課後分享的時間。

總結

課後分享

第十三章

不開口就沒有機會

二〇一五年三月十一日清晨，我還記得是七點十五分。我坐在辦公室裡，正在整理我的DARE資料袋，那天有四個五年級的班級在等我。電話響起時，我看了來電顯示，很驚訝地發現是我主管打來了。更令我驚訝的是他說的事情，結果接下來的一週，我的DARE袋子就這麼放在原處。

我們在前言中談到，訓練非常重要。時時應用我所教的策略，並定期複習本書，你便能在需要時妥善執行。你永遠不知道何時要上場，所以，做好準備吧！

我前面也提到，折疊旗幟是儀隊最重要的訓練項目。我常常反覆折疊旗幟，練到雙手都抽筋了，還因此得休息幾天。當時的我還不知道這些訓練何時會派上用場。

二〇一三年五月，我在IG上發了一張訓練時的照片。我們正在對著一個空棺材折疊美國國旗，我的標題是：「儀隊正在演練永遠不想執行的任務。」照片中站在棺材前端的是伯克．羅茲（Burke Rhoads），他是儀隊的成員，也曾在陸軍服役。

時間快轉一年八個月後，來到那個清晨，我辦公室的電話響起。

主管打電話給我時，我的DARE資料已經整理好，我準備去上課。他說：「伯克出車禍了，情況不太妙。你能去醫院幫助他的家屬並應付前來採訪的媒體嗎？」我向他保證我馬上就到，並打電話給學校請假。

我所服務的單位位於肯塔基州萊辛頓的郊區，而伯克被送往城區的醫院。我開車抵達醫院五公里外時遇到塞車，尖峰時段的交通令我動彈不得。

這時，一位警官朋友來電，問我：「你正在去醫院的路上嗎？」

「是的，」我說：「但你們的交通很塞，我被卡在路上。」

他說：「打開警燈和警鈴，現在就去醫院！」

這正是我需要聽到的。接到他的電話幾分鐘後，我已經把車停好、往急診室衝進去。

大廳裡已有十幾名警官站在那兒。我走向伯克所在的病床，看到滿屋子裡的醫護人員正在進行搶救。接著我回到急診室入口尋找伯克的妻子梅麗莎，她正在趕來的路上。當她到達時，每位同仁都抱了抱了她，我把她帶到休息室，讓她遠離所有的目光。我試著安撫她。我們提到伯克有多強壯以及有多守法，所以他一定有穩穩地抓住方向盤、按照速限行駛。

那天早上他在去訓練的路上確實是這樣開車的。問題是，那時有大霧，一輛汽車從交流道開上去時沒有看到伯克的車，於是撞到他巡邏車的後保險桿，導致他車子打滑，接著他又被後方車輛撞到，一打滑就衝進中央分隔島。他的警車正面都凹陷了。

醫生走進來時，我和梅麗莎正在說話，他說團隊已經盡了全力，但伯克還是沒能熬過去。

這一切令人措手不及。幾個小時前，伯克才喝完早餐的咖啡，跟梅麗莎親吻道別。

我溜走了一會兒，趁機打電話給我的妻子，告訴她伯克沒能活下來。一開始我說不出話來，內心的糾結無法言喻。當時我已在執法單位工作了十七年，我深深了解到，接到這種電話是警察配偶最害怕的事。這次的受害者不是我，但很可能我就是下一個。畢竟我們穿著同樣的制服、做著同樣的工作，我們是警政大家庭的一員，在各個層面上都同甘共苦。

我回到休息室時，發現梅麗莎已表現出平靜的樣子，因為他們的三個孩子也被親友帶到醫院了——最大的只有十三歲。

我在一旁看著梅麗莎向孩子解釋狀況：爸爸出了車禍，但沒能撐過來。醫生把伯克的大體清理乾淨後，我和梅麗莎及孩子們一起走進了太平間，家人沒想到，他當天早上出門參加訓練後，再次見到他已變成一具冰冷的遺體。這是我職業生涯中最難受的一天，對梅麗莎和孩子們來說，世界也彷彿崩解了。

不久後，主管把我叫到一旁，說總局希望我擔任伯克一家的治喪代表，以協助他們處理喪葬事宜。我將是警局和伯克家之間的聯絡人。我從未負責過葬禮，但身為儀隊成員，我參與過好幾次的相關演練了。所謂養兵千日，用在一時，最糟的情況發生時，我們只能依賴平常所受的訓練。

接下來的幾天裡，我和梅麗莎一同討論葬禮的所有細節，來自全國各地數千名警察和民眾都會來悼念。我們得確保伯克獲得應有的殊榮，畢竟他終身為人民服務……先是在軍隊，後來是到警局。那一週，我常常待在伯克一家人身邊，時間比待在我自己的家還多，而我的家人對此完全沒有意見。每個警察家庭都有這種不言而喻的共識：如果意外發生在我身上，也會有人照顧我的家人，如同我照顧伯克的家人一樣。

除了負責治喪外，我仍然是警局的公關聯絡人。我接受了無數次訪問，也告訴媒體，伯克是多麼優秀的警官，而社會大眾應該設法記住他的奉獻。

二〇一六年五月，我和梅麗莎一家人一起飛到華盛頓特區參加警察週的紀念活動。伯克的名字已經被刻在國家執法人員的紀念碑上。在國會大廈前的草坪上有舉辦儀式，以表彰去年在執勤中殉職的警官。我的家人搭另一班飛機，我們的儀隊和各級長官則開車前往。在華盛頓，我繼續與各大媒體交談，並講述伯克的故事。這是我向他致敬最好的方式。

那是美好的一週，餐會中充滿了療癒的淚水和笑聲。

從華盛頓返回肯塔基時，我交出了我的儀隊制服。我擔任儀隊已久，而我距離退休還有三年時間；有人離開儀隊才有空缺，而我後面年輕的警官已等待許久。我不應該再參加任何遊行或官方儀式了。我已經完成了許多任務，該交棒給別人了。

人生無常

那一整年，我花了很多時間在思考，為什麼長官要我去擔任治喪代表，畢竟我從來不曾籌辦同仁的葬禮。基本上我是零經驗，但我受過相關的訓練。作為人質談判專家，我經過許多磨練，能在高壓的環境下與眾人溝通。我接受過無數次的採訪，也安慰過許多被害者的家屬。我跟著內心的引領，設法去協助所有人。

對於長官的指示與要求，我自認為還沒有準備好。有一瞬間，我想告訴他們我做不到。我自認能力不足，最好是婉拒這項任務。正如我們之前討論的，遇到困難時，我們總想待在安全區、抓住浮木，卻也因此深陷急流難以呼吸。

我相信我的主管看到了我的潛力與成長空間，於是，我放手了。我放下了恐懼，不再擔心自己有多生疏，並相信我所受的訓練。梅麗莎和我討論了許多事項，包括伯克應該會喜歡的作法。我們只是一步一步地踏出正確的腳步，慢慢達成目標。

回憶那段經歷，擔任治喪代表雖然令人心痛，但也是我的榮譽；那是我警察生涯中最難受的一段日子，也是最寶貴的經驗。我意識到，我受過那麼多訓練，就是為了有天能承擔如此重大的責任：向一個好人致敬，並全力幫助他的家人。

我詢問梅麗莎，我是否能在書裡分享伯克的故事，她說：「史考特，這是延續他生命的唯一方式。」因此，我在此謙卑地與讀者分享這段經歷，以激勵我們變成更好的人，因為人生是難以預料的。

總會有那麼一天，你或者你的組織會碰上麻煩，而你不得不肩負重任！這時，你要記得積極傾聽的技巧，也要發自內心地說話，讓大家知道你有多在乎這場危機。你不會躲在背後不發一語，而是用你的話語安慰大家。

當然，你不會覺得自己已經準備好了，但大家會把重任交給你，一定有合理的考量，包括看見你的潛力與能耐。

多多練習我在本書所介紹的策略和技巧，你就能做好準備。成為更好的溝通者之後，不但你的工作會更順利，你也能成為更好的伴侶、父母和朋友。

希望未來在我的葬禮上，大家不僅記得我是個好警察，也能稱讚我是個好丈夫、好父親和好朋友。這些都是我在人生中所扮演的重要角色。

我的桌上放著一張妻子和女兒的合照，每次我在演講結束前，也會讓在場觀眾看這張照片，因為她們就是我奮鬥的動力。我努力工作、運動養生都是為了他們。當然也會有些日子，我不想去上班、不想做好人、不想寫作、也不想出差去培訓各大公司的員工。但我不能只依賴我的感覺，畢竟我有重要的任務要完成。

你也一樣，不能等到明天才開始有所改變，今天就必須開始行動……因為那是我們真正能掌握的一切。

放下那些虛假的安全感，你已經保持沉默太久了。別再害怕說錯話，讓訓練的成果帶你走向融洽的人際關係。穩穩踩著，一步一步前進。放手看似可怕，但不開口就沒有機會。

現在是發揮影響力的時候了。我們走吧！

致謝

這真的有點瘋狂。

我一直想要寫一本書，但不覺得自己做得到——而現在就這麼成真了。

這本書能夠出版，並不是因為我是多偉大的作家，而是因為身邊有個了不起的團隊。

首先，我要感謝我美麗的妻子Greta。妳比我更相信這本書會問世，只是妳對我太有信心了，所以我花了比妳預期更長的時間才完成。順帶一提，我最喜歡妳這一點。妳總是堅信我的能力，所以我才能度過許多艱難的情況。我想要像妳一樣，對我自己有信心！在這個計畫的最後衝刺階段，感謝妳對我的愛和協助！我永遠愛妳。

我還要感謝我的女兒Grace和Maryn。妳們允許爸爸在無數次的演講中拿妳們當例子，現在又變成我書本裡的主角。成為妳們的父親是我一生中最大的快樂，我非常感謝上帝將妳們兩人給了我。妳們讓我知道，女孩的意志和決心是地球上最強大的力量，但請妳們記住，有時候掉眼淚是必要的——也是健康的，它能洗滌許多不快樂的事。女孩們，我愛妳們。

致我的團隊夥伴們：Mark、Chad、Josh、Jon、Rich、Jim、Russ、Matt和我們的榮譽會員Jocko。星期四早晨是一週裡最美好的時光，因為我可以跟地球上最優秀的紳士們一起交流。這本書裡到處都是你們的智慧。你們提供了許多意見以及建設性的批評，而且總是會婉轉地表達出來。這本書因你們而更好，我也因這個團隊而成為了更好的人。謝謝你們，夥伴們。

致Christine和David，你們是最堅定、最支持我的學員。你們的建議並沒有被忽視，包括章節的標題以及關鍵概念。你們的熱情是我的動力來源。我真是幸運，因為很少有客戶能成為值得信賴的顧問和朋友。謝謝你們。

致我的編輯Tara Cooper。我的腦中有一堆混亂的想法與言論，謝謝妳的整理，這本書才能問世。你掌握了整個過程，包括設定截稿日期（對我的拖延症很有用）、打磨我的文字，並讓我看到我們給這世界帶來的價值。妳讓我的想法和點子浮現在紙頁上！感謝妳容忍我在半夜傳訊給妳。我感到手足無措時，是妳給了我方向。妳不只是我的編輯，也是我可靠的朋友。謝謝妳！

二〇一八年，我和Jon Acuff喝過一次咖啡，聊了一個多小時，當場就變成好朋友了！感謝Jon寫了那麼多書，而我全都讀過了。你讓我知道，寫作不需要「一本正經」，有時也要展現一下幽默感！謝謝你，因為你總是會為我騰出時間。

感謝摩根詹姆斯出版公司的Karen Anderson。我在一次會議上遇到Karen，並向她提出我的出書構想，在她的熱情推動下，我這個夢想才變成工作清單上的重要事項。面對新手作家，出版商有許多風險，但Karen總是相信我。謝謝妳給我這個機會！

最好的留到最後。我想要感謝上帝允許我建立了這個舞台，演講和寫作現在都變成我的天職，而我以前只是個單純的警察。不管做什麼，我都是以愛神和愛人為出發點。有時我的工作很順利，但感到挫折時，我會特別感謝祂的恩典。

最後，我想以福音歌手Toby Mac的歌〈搶我風頭〉（Steal My Show）作為結尾：

無論我們是誰
無論我們做什麼
每一天我們都有選擇的機會
如果你想要搶我的風頭
我會坐下來並看你上場
如果你有什麼想說的
繼續說吧，把風頭都搶走吧
你就搶走我的風頭吧
我等不及要看你上場了
所以，拿起麥克風吧！

註釋

第二章

1. The 7-38-55% communication rule: “Albert Mehrabian.” Management Thinkers, Business and Management Portal. The British Library. https://bl.uk .

第三章

1. Teeter-totter of emotion in hostage negotiation: Stratton, J.G. (1978). The Terrorist Act of Hostage-Taking: Considerations for Law Enforcement. Journal of Police Science and Administration, Vol 6, Iss 2, pg 123-125

第六章

1. Eye contact: Kreysa H, Kessler L, Schweinberger SR. Direct Speaker Gaze Promotes Trust in Truth-Ambiguous Statements. PLoS One. 2016 Sep 19;11(9):e0162291. doi: 10.1371/journal.pone.0162291. PMID: 27643789; PMCID: PMC5028022.

2. Emotional labeling: Lieberman MD, Eisenberger NI, Crockett MJ, Tom SM, Pfeifer JH, Way BM. Putting feelings into words: affect labeling disrupts amygdala activity in response to affective stimuli. Psychol Sci. 2007 May;18(5):421-8. doi: 10.1111/j.1467-9280.2007.01916.x. PMID: 17576282.

第八章

1. Importance of nonverbal signals: Creative Commons. “Nonverbal Communication: Principals and Functions of Nonverbal Communication.” In Communication In the Real World, adapted by University of Minnesota. University of Minnesota Libraries Publishing, 2013.

BIG 441

沉默不是金：美國特警談判專家的破冰談話術，教你打開有效溝通的大門

Silence kills

作者——史考特．哈維（Scott Harvey）
譯者——李伊婷
責任編輯——許越智
責任企畫——張瑋之
美術設計——陳文德
內文排版——張瑜卿
總編輯——胡金倫
董事長——趙政岷
出版者——時報文化出版企業股份有限公司
一〇八〇一九臺北市和平西路三段二四〇號一至七樓
發行專線／（〇二）二三〇六—六八四二
讀者服務專線／〇八〇〇—二三一—七〇五、（〇二）二三〇四—七一〇三
讀者服務傳真／（〇二）二三〇四—六八五八
郵撥／一九三四—四七二四時報文化出版公司
信箱／一〇八九九臺北華江橋郵局第九九信箱
時報悅讀網——www.readingtimes.com.tw
法律顧問——理律法律事務所　陳長文律師、李念祖律師
印刷——綋億印刷有限公司
初版一刷——二〇二四年七月十九日
定價——新台幣三二〇元

時報文化出版公司成立於一九七五年，並於一九九九年股票上櫃公開發行，於二〇〇八年脫離中時集團非屬旺中，以「尊重智慧與創意的文化事業」為信念。

沉默不是金：美國特警談判專家的破冰談話術，教你打開有效溝通的大門／史考特．哈維（Scott Harvey）著；李伊婷譯
--- 初版 --- 臺北市：時報文化出版企業股份有限公司，2024.07
面；14.8×21公分. ---（BIG441）
譯自：Silence kills.
ISBN 978-626-396-514-0（平裝）
1.CST：談判 2.CST：談判策略 3.CST：溝通技巧 4.CST：人際傳播
177.4　　113009457

SILENCE KILLS by Scott Harvey
Original English language edition published by Morgan James Publishing

ISBN 978-626-396-514-0　Printed in Taiwan